ROW
VESLAJ

Tomaž Šalamun

ROW
V E S L A J

છ

Translated by
Joshua Beckman
and the author

Arc
PUBLICATIONS
2006

Published by Arc Publications,
Nanholme Mill, Shaw Wood Road
Todmorden OL14 6DA, UK

Copyright © Tomaž Šalamun 2006
Translation copyright © Joshua Beckman 2006
and Tomaž Šalamun

Design by Tony Ward
Printed at Antony Rowe Ltd
Eastbourne, East Sussex

ISBN-13: 978 1904614 09 8
ISBN-10: 1 904614 09 4

ACKNOWLEDGMENTS
Grateful acknowledgment is made to the following
publications in which some of these poems first appeared:
Black Warrior ('Form, Don't Rush, Begin to Gape Again');
Exquisite Corpse ('The Child Murderer Doesn't
Chew the Membrane') and *Bomb* ('Love' and 'Kitsch').

The publishers wish to thank Stephen Watts for his help in
the preparation of this volume.

Cover photograph by Tony Ward

The publishers acknowledge financial assistance
from ACE Yorkshire

Arc Publications Translations Series
Translations Editor: Jean Boase-Beier

CONTENTS

Translator's preface / 7

Fifteen years ago I found a book of poems by Tomaž Šalamun and read lines that nearly everyone who has read Tomaž's work will remember: "Tomaž Šalamun is a monster. / Tomaž Šalamun is a sphere / rushing through the air." These lines begin his poem 'History' (translated in the 1970s by Bob Perelman) which ends: "But in Ljubljana people say: look, / this is Tomaž Šalamun, he went to the store / with his wife Marushka to buy some milk. / He will drink it and this is history." And for me and for many American poets of my generation, that was history. We had found in Tomaž something both foreign and domestic. We had found in him something we seemed incapable of in the early '90s. There was humour and pathos, there was an unyielding imagination that seemed profoundly personal and politically particular while still seeming oddly universal and cosmic, and always there was something unequivocally alive.

Years later I had the true fortune of meeting and becoming friends with Tomaž. I was twenty-five and there was the distance of age and of admiration between us. There was the intimacy of poetry, the intimacy of my involvement in his words, and a recognition that he could easily have continued to exist for me with my never having to meet him in person. At the time I was working in a windowless room at *TIME* Magazine and he was the Cultural Attaché for Slovenia, living in New York. I remember the amazing sense of awe I found in all of our conversations – his for the world and mine for him. His work and his person opened up a seamless bridge of spirit and mind we understood as poetry, or life in poetry. In friendship, the ability to connect through distance is so often validated and held up as a recognition of the human spirit, and it is the same space (often approached with scepticism) that translation attempts to create.

There is a desire, when one is close to a poem, to live in that poem. It is the sense of reading as a creative act. And for the poets we love most, there is a true intimacy that grows without us ever having to know them. We take them with us, we read them constantly and constantly we read them into things. We desire to create alongside them, and if we don't desire this, we do it anyway. To create simultaneously with another's creation.

This, I imagine, is not unlike the great moments of acting. A manifestation. A disappearance. And so, I cannot remember how exactly we decided, I cannot remember how our communication grew into something that desired outward expression and production, but in a bad restaurant on the bottom floor of the Empire State Building (who knows why?) we found some simultaneity and began translating.

Translating in this case simply meant talking and reading, talking and writing. Tomaž had written out basic English versions of a number of poems and felt that they were the complete, but possibly inanimate, bodies of what could be living poems. Knowing no Slovenian, I was supposed to see them in English, to try and recognize them in English for what they could be, and to breathe whatever life they needed into them. Caution was the least of the concerns. Sense, style, grammar etc. Nothing but life. These were poems that had lived in Slovenia equally comfortable and uncomfortable, equally praised and feared – and it was a similar life Tomaž wanted them to have in English.

It is foolish to try to express the depth of joy (or accomplishment) I felt with my opportunity to coexist with this work, but suffice it to say it all seemed impossibly real. Over the phone – in New York, in Ljubljana – we worked for years on poems that began before I was born and spanned more than three decades. As we translated we became closer through the conduit of both written and spoken language, of shared attention and effort. After a year or so we jumped deep into translating on a regular basis. Over the phone, through the mail, face to face in both of our countries. There was always some territory of my person occupied by this project. There was a body of work that spanned my lifetime existing in wait for me to make its acquaintance and to make a life for it in English. To attempt constantly to be someone else, to think, to feel and speak as someone else. This was an education and the education was true.

It is an honour to get close to anything that feels genuinely of one's own history and of the history of those around one. Maybe it is foolish to look at such an honour and ask for more, but ever since I began working with Tomaž, my greatest desire was to work on his newest poems. To close the gap of awe with being. Tomaž is an artist of presence, incredibly prolific and deeply connected to the actuality of his living moment. This present volume is exactly a collection of that living work. As a translator it is the culmination of almost ten years of work with Tomaž and as a reader it is an opportunity to be in another's present. This body of work covers the early '90s to this year. For us, this book represents a shift from looking back at something, to being in dialogue. The dialogue was all yank, tug and unwieldy scrapping for a purchase. It was an attempt to breathe life into something that seemed so new it was already sitting up and talking. At the heart of this book is a living struggle and at the heart of the translation is the same. In such a struggle there can be no distance. In such a struggle there can be only presence, and presence is, in and of itself, the greatest affirmation of life. So, for Tomaž, years ago there was history, and today there is the logic of affirmation, and he writes:

logical are fields, pears, personnel picking up bills for gas
logical is a process, the roasting of chestnuts when card-players
play with cards
logical is clap clap, logical is that mummies cannot be kicked
logical are ears, earrings, doves, cookies
logical is India will sink, we'll be able to see it only with a mask
logical is zoom

And as a translator, I have been able to enjoy what I imagine every translator hopes for: a whole lot of zoom.

Joshua Beckman

ROW
VESLAJ

ČLOVEK

Danes je božič.
Kurček mi plahuta.
Že ves dan se ljubim s Tabo
in gledam deževne kaplje.
Na sneg padajo.
Temno moder sviter nosim.
Malo me trese.
Precej mi je ganjenost zdelala vrat.
Ampak hvaležen sem kot pes, kot slon,
kot krava.
Tvoje noge so veličastne.
Tvoje roke bolijo od vonja,
poljubljanja, božanja.
Vsako Tvojo celico jem.
Raztapljam Ti mreno.
Krulim.
Telo mi vzhaja.
Je velika ljubezen čutenje
vsake kaplje vode, ki zdrsne ob koži zemlje,
ko se pretaka v morje?
Ura sem in pesek v njej.
Cvet sem in rokavica.
Sladko srce, ki se napihne ob vsakem utripu torbe.
Meč me boli.
Pleča mi sikajo.
Bazen me je obkrožil in me maže na svoje stene.
O kruh!
Kot če z dlanjo tipaš morske deklice,
njihove črne nežne gobčke, ki jih
malo bolijo in malo srbijo,
sila Boga te pa meče kot žlikrof v tla.

MAN

Today is Christmas.
My little prick flutters.
I'm making love with the whiteness
all day long watching rain drops
falling on the snow.
I'm wearing a dark blue pullover.
I'm shivering a bit,
my neck is quite worn.
Grateful as a dog, as an elephant,
as a cow.
Your legs are magnificent.
Your arms hurt from sensing,
kissing and caressing.
I eat your every cell.
I melt your membrane.
I rumble.
My body rises.
Is a great love the feeling of every
drop of water sliding along the earth's skin
decanting into the sea?
I'm the hourglass and the sand in it.
I'm the blossom and the glove.
The sweet heart blowing with every pulse of your bag.
My sword aches.
My shoulders hiss.
The pool surrounds me and oils its walls with me.
O bread!
As if your palm could touch the mermaids,
their gentle black little snouts,
aching a bit, itching a bit.
The power of God throws you
like a *pierogi* on the floor.

SAN JUAN DE LA CRUZ OMAVŽAN

Ne vem, če sem Poltava, ker sem zaman naskočen.
Pojdi na črno hišo in kopiraj oblake.
Vzemi s sabo mačko.

Na Tabor smo prispeli ugreznjeni v lonce mleka.
Pred vojno je švigala okrog kuna,
po vojni je bruhal v oči napis.

Donava ni čokata.
Stroj ropota, miza se trese, kava se razvihari.
Ječim kot kip, ki so mu odpravili lepotno napako.

Kodri so položeni čez ognjišče, hodim po
beli žerjavici. Deklica, ki ji bo padlo ogrnjeno
okrog ramen, se še ni čisto usedla v mojo zavest.

Sužnji, zares so zaporniki, so mi izhlapeli.
Spominjajo me na materino meso.
David ima preveliko roko.

Barbara Richter mi bo dala stanovanje na
Uhlandstrasse. Diran mi je včeraj rekel, da sem
stalinsko zelotski in da hočem naj vsi

verjamejo v Boga. Terry vidi tudi natančno
to. Nune so skakale z višine na njegove
kosti. Moji kodri so postriženi.

SAINT JOHN OF THE CROSS, RUBBED IN SNOW

I don't know if I'm Poltava, as I'm stormed in vain.
Go on top of the black house and copy clouds.
Take a cat with you.

We were sunk in pots of milk when we came to the camp.
Here, before the war, a marten was shooting around,
after the war an inscription vomited into our eyes.

The Danube is not stocky.
The machine rattles, the table jolts, coffee storms.
I sob like a statue with beauty's defect abolished.

Curls are put over the hearth, I walk on the white
embers. The girl that will lose what is put around her
shoulders, hasn't yet sunk into my consciousness.

Slaves, they're really prisoners, evaporated.
They remind me of my mother's flesh.
David's hand is too big.

Barbara Richter will give me an apartment on
Uhlandstrasse. Diran told me yesterday
I was a Stalin-like zealot wanting

everyone to believe in God. Even
Terry sees it. Nuns jumped from the heights
on his bones. My curls are cut.

RATHENAU. BUBA GROB

Da bi se spet v risu slekel,
pokril čez glavo in čakal name.
Da bi bili tvoji udi obli in mehki kot magnet.
Da ne bi bil originalen, ampak lačen.
Pribit. Moker, ampak še lačen.
Da bi drvel k meni kot jaz k tebi, ki me žgeš.
Ki me sesaš in polniš. Prazniš.
Ko te pobožam, šumijo tvoji gozdovi,
Švigneš, ko te krijem.
Kako nevarno te ljubim.
Bojim se, da bom izskočil kot top.
Kot ribje oko.
Se prisesal vate. Te hranil kot baterija.
Da ti bom začasen in potem mrtev.
Poj! Raziskuj! Reci spet: tebe hočem,
Šalamun. Nisi verjel, nisi verjel.
Kakšne skale si pretočil.
Koliko svetlobe si potem izlil iz sebe!
Medtem ko so ti rasli laski in si jih
strigel, si pisal biblijo.
Kako si mi dal, da te voham!
Kako si mi dal, da te božam!
Kako se ti je glas napel –
kot da si se prisesal na sladko –
ko sem te klical od daleč.
Razburjen si bil. Vroč. Dober in mehek kot
kruh. Svilnat in radodaren.
Bobnelo je mesto, ki si po njem hodil.
Pila sva. Jaz sem pasel svojo dušo,
ti si mojo vezal. In potem sva se
zlila kot dve mehki punčki iz cunj in se
ožemala, kot ko je kraljevič Marko
ožemal kožuh, ki se je sušil leta,
pa je ožel kapljo.

RATHENAU. IT HURTS

That you'd again in the spell take off your clothes,
cover your head and wait for me.
That your limbs would be round and soft as a magnet.
That you would not be original, but hungry.
Hammered. Wet, but hungry.
That you'd rush toward me, as I rush toward you.
You who extract and charge, emptying me.
When I caress you, your woods rustle.
When I cover you, you swish.
How dangerously I love you.
I'm afraid I'll leap out like a gun.
Like the eye of a fish.
I'm afraid to get pulled into you, to feed you as a flashlight.
That I'll be here, then dead to you.
Sing! Explore! Say it again: I want you,
Šalamun. You didn't believe, you didn't believe me.
What rocks you decanted!
What light you poured from yourself!
While your hair grew, you cut it,
you wrote a bible.
How you let me sense you!
How you let me caress you!
How your voice pitched –
pulled to sweet things –
when I called you from away.
You were hot and bothered,
good and soft as bread,
silky and generous.
The town you walked through was thundering.
We drank. My soul in a field,
because you bound it.
We mingled as little cloth dolls,
wrung ourselves out as when
Prince Marko wrung out a drop from his fur,
drying for ages.

In če si padel, se nisi udaril.
Zagrabil si me. Glavo si mi obril.
Veke sva lahko samo ležala in poslušala
drug drugega dihanje.
In samo malo si se udiral.
O svila! Borba! Ura! Temno moder panj!

Vse tvoje trde kamne sem predeloval
v mehko maso in zidal. Odrival si me
nežno in govoril: ne bit
nor. Ti si preveč nor. In
pokril, če si začutil, da se ohlajam.
Me objemal, četudi se ti je že bralo.
Napasel sem se, kot bi se zaril v deteljo.
Vedno si me samo rahlo zlomil,
da sem vstal bolj prožen.
Boš sploh izplaval iz moje duše, nežni?
Zdaj sem jaz tvoj kamen.
In jaz sem prikovan.

And if you fell, you didn't hurt yourself.
You grabbed me. You shaved my head.
For ages we lay down and
listened to each other's breathing.
You sank just a little.
O silk! O strife! The hour! Dark blue stomp.

I reworked all your hard stones into
a soft pile, building. You kept pushing me gently,
telling me: don't get crazy. You're too crazy.
And covered me when you felt I was cooling down.
Held me even when you wanted to read.
I pastured myself as if caught in the clover.
You cracked me only slightly,
I woke up young.
Will you sail out, gentle one?
Now I am your stone.
And I'm forged.

IZMITA PLOŠČA, TEMNI SCREEN

Kakšne ikone? Kakšne Rige? Kakšne
stele? Kakšen šop dreves? Kdaj jezična votlina
preudari kje je sever? Kdaj rokavičke
vrne? Kaj je med izhlapevanjem in
pred pregretjem? In kaj lahko delimo s
traktorjem? Šviganje s puščico v tarčo? Lahko
obnovimo gospoda, ki je osemnajst
metrov visok in razkazuje kosti na letališču
O'Hare? Krpe mesa smo dodali potniki.
Spomin je iz trstike. Torbice nikoli ne
zgnijejo. Jezera prislonjena na prsi. Vidre kot
kipi zloženi pred porodom. Prav. Pete
v pesku, ampak vidim. Začelo se je s Popajem
in besno Olivo. Perzepolis je umil že Disney.

THE WASHED-OUT PLATE, THE DARK SCREEN

What icons? What Rigas? What *stelle?* What clump of trees?
When does the language cavity consider where
north is? When does it give back the little gloves?
What happens during evaporation and before overheating?
And what can we divide with a tractor? With shooting
the arrow into the target? Can we restore the gentleman
who is eighteen metres high and shows his bones
at O'Hare Airport? The patches of flesh
were added by us, the travellers. The memory is from
reeds. Small bags never rot. The lakes are leaned
against the breasts. The otters like statues put together
before birth. Okay. My heel is in the sand, but I see.
It started with Popeye and furious Olive Oil.
Persepolis was already cleaned by Disney.

DREVO

Si mi dal morje?
Astralna telesa so bila ping pong žogice,
totem, sat, bule bule.
Utrdil si tlak Sicilije.
Ga gledal iz balkonov.
Vznemirjali so te sprehajalci.
V Neaplju isto: zadrževati sapo,
meriti in se nastavljati vetru, za
pogled ti je šlo.
Za spomin na razgreti kamen.
Kdo od sprehajalcev, brez vzroka,
zlomi svoj pogled in ga dvigne v višino?
Samo ljubezen kliče
in ne veter in ne ropotanje škur.
Čutiš, da ni zveze?
Napne se, najé, ampak nikamor ne odteče.
Ni skrivnih hodnikov v čudež.
Ko sem ti dajal lizati roko, kot
sladkor, si se nasitil?
Samo neskončnost je vedno lačna,
da te ne troši njena lakota.
Odkril si kroglo.
Bil zasačen.
Bil pripet na zid, s petimi.
Vsi ste bili moji talci.
Kje je svoboda ostalih treh?
Zapestnica je bila podarjena na glavnem
trgu v Cuernavaci.
Izmeril sem tvoj prah.

TREE

Did you give me the ocean?
Astral bodies were little ping-pong balls,
a totem, a honeycomb, bumps, bumps.
You strengthened the pavement in Sicily.
Watched it from balconies.
The strollers alarmed you.
The same in Naples: to hold back your breath,
to measure, to surrender to the wind,
it was all about your gaze.
About your remembrance of the warm stone.
Who among the strollers, without any reason,
breaks his gaze and lifts it up?
Only love calls,
not wind or shutters clattering.
Do you feel there is no connection?
It bends, it eats its fill, it flows nowhere.
There are no secret corridors to the miracle.
When I kept giving you my hand to lick, like
sugar, were you sated?
Only infinity is always hungry,
not that hunger consumes you.
You discovered a sphere.
You were caught.
You were nailed to the wall, with five others.
You were all my hostages.
Where is the freedom of the other three?
The bracelet was given as a present
on the main square in Cuernavaca.
I measured your dust.

PESNIK GRE IZ HIŠE IN NE GRE IZ HIŠE

Karakorum izbrisanih, mlačna halva,
damma lajka, damma dalalajka,
pantum, veljak ki se češe,
jaz sem iz markantnih jabolk in
borovnic. Zdaj umiram, zdaj
umrem, zdaj na prste stopim, vse dokler
Koblenz ne izhlapi. V čaši sem videl
stroj, ki so ga zdaj prinesli v tovarno.
Bočno umivanje s kepo pršiča
žuželki doda brašno. Boter vzklije iz
semena. Tombole nažigati, njuhati
piščanca Kronosa, težko barabo
obglavijo lahko samo katoliki. Ta, ki se
umakne. Garcii sem populil las za las.

POET LEAVES THE HOUSE AND
DOESN'T LEAVE THE HOUSE

Karakorum of the obliterated, lukewarm halva,
damma lajka, damma dalalajka,
pantoum, a man of note combing himself.
I'm made of prominent apples and
blueberries. Now I'm dying, now
I die, now I step on my fingers, all the way,
until Koblenz evaporates. I've seen
a machine in a goblet, just brought to the
factory. A lateral washing with a lump of fresh
snow adds flour to the beetle. A godfather
sprouts from the seed. Amp up the bingo
to snuff out Chronos's chicken, real ruffians
can be beheaded only by catholics. He who steps
down. I've plucked Garcia's curls one by one.

SMRT

Zamišljen Sven,
po drugi reči zaspan,
odtočen v plac,
kaj dela?

Bdi v klorofilu na drevesu.

Zamišljen Sven.
Po drugi reči zaspan,
odtočen v plac,
kaj dela.

Bdi v klorofilu na drevesu.

DEATH

Sven absorbed in thought,
sleepy after the second thing,
drawn off into der Platz,
what does he do?

He wakes in the chlorophyll in the tree.

Sven absorbed in thought,
sleepy after the second thing,
drawn off into der Platz,
what does he do?

He wakes in the chlorophyll in the tree.

LINDOS

Trenta miličniških kock zvrženih na odprto
glavo. Silabus: geoglifi v Nazcu. Požigaj
steno ovoja leto stare kače, ki ima brufole
(ventile) na notranji strani črte. Ikar
je svoja peresa skrival pod fige. Dvigali
so me v košari. Oslički so priročni.
Spijo na porcelanu, pokriti s tuhno.
Nebes so svitek, tloris ust. Kaj podpirajo
dimniki, ki se kadijo iz trebuha? Kdo je
zunanji obod peka? Poleti paše mrzla
glina. In lapidarij v drugi deželi, odsekan
ravno v vodo. Zrcala so obramba
žuželčjih čistih nog. Grški bog ima na
vitlu srp. Kako zdaj čoln počasi leze.

LINDOS

Thirty police cubes cast on an open head.
Syllabus: Nazca Lines. Burn the wall
of the one-year-old snake zits (valves)
on the inside of the line. Icarus hid his feathers
under figs. I was pulled up in a basket.
Little donkeys are practical. They sleep on
porcelain, covered with quilts. Heaven is a scroll,
a ground plan of the mouth. What supports
chimneys, smoking from the abdomen? Who is
the outer rim of the baker? A cold loam in summer
suits me. And a lapidary in another country
cut straight-lined in the water. Mirrors are a defence
of clean beetles' legs. A Greek god has a sickle
on his winch. How slowly trails the boat now.

OBREDI IN KOŽICA

Ta se potaplja v kino, jaz se potapljam v malto.
Kose in klešče hroščev niso očetnjava.
Moja vprašanja počijo cev, krogla izleti.

Po kotéh so uspavane peške. Bazen je prekrit.
Špica piramide nad žaro, štukana piramida,
Fat Joe, What's luv. Jena je reka in kako si

ročice greješ nad gašperčkom. Iščem kostanjev
sladoled. Te ležalne deske z ogromnimi kolesi
drvijo po pisti za Ikarja. Igrače, stari puliji,

kako se že reče slapovom, če so slapovi zeleni,
puzzle, roka je zapustila kretnjo, tehnologija
raztaplja sladkor. Riž in banane in oči in cvet.

O tek stvari, ko sem se sklanjal v Limogesu v
dvanajstem stoletju in lažiral telesce Odrešenika.
Grünewalda in Pontorma preskočil, metal venec z

viadukta. Bela muca z zelenim trakcem hoče, da
odprem okno. Tudi para je bila triumfalna ob prvem
valju. Nikoli gledati v sméri vlaka. Zemlja dobi

poklopec, da ti izplakne sajo. Marsikdo je
že prijel za jermen. Razmišljam o inženirjih,
ki so polagali kamen na kamen, ne da bi se ga

dotaknili. Svet je pokapljan od rose. Sočo
so vpeli. Kliče me vojaško dno, tam bom mušice
bril. Pred vsakim kosilom in po vsakem rojstvu.

RITUALS AND THE LITTLE SKIN

This one drowns in the film, I drown in mortar.
Scythes and pincers are not the fatherland.
My questions burst the tube, the bullet flies out.

There are pits, kernels lulled to sleep in corners.
The swimming pool is covered. The pyramid's point
above the urn, the stuccoed pyramid, Fat Joe,

What's luv. Jena is the river and how you warm
your little hands over the stove. I'm looking for
chestnut ice cream. These deck boards

with huge wheels rush on this beaten track for
Icarus. Toys, old sweatshirts, so what do we call
waterfalls if they're green? The puzzle, the hand left

the gesture, technology melts sugar. Rice and bananas
and eyes and a bloom. O, the course of things,
when I bowed in Limoges in the twelfth century

and the little Saviour's fixed body. I skipped
over Grünewald and Pontormo, kept throwing
a wreath from the viaduct. A white cat with

a little green ribbon wants me to open the window.
Also the steam was triumphant at the time of the first
cylinder. Never look in the direction of the train.

The earth gets a cover to wash your soot away.
Many have yet to grab a strap. I think of engineers
who laid a stone on a stone without touching it.

The world is dripped on with dew. They chained
the river Soča. I'm called to the soldier's ground. There
I will shave flies. Before every lunch and after every birth.

31

NISEM NAVAJEN, POROČNIK, NISEM NAVAJEN!

Ne znaš se obnašati, papagaj.
Tvoji krogi ob očeh niso srebrni.
Notri imaš vato.
V vati so trni.

Globusi, ki se praskajo s smučmi nad gorami.
Svoja grla!
Svoje sapnike, svoje želodce, svoje
zvoke, ki so glas Sueza.
Jez se dviga.
Ribe pobašejo senčnike.
Occialin! Occialin!
Mola lo, mola lo, butta lo qua!

Afnajo se marele, ki se spet odpirajo.
Poješ vse in se spet zastrupiš.
Hruščeva, ki se pelje pod oknom.

Fave, ki jih zbombardiraš, da hreščijo kot
pavovke. Je v steklu
luža? Je Bog
popikan?

Zakaj ne nabašejo lovca?
Zakaj se podgana rodi iz podgane?
In telički, ki se prestopajo, padajo in še
prestopajo.

Vsak se mora naučiti hoditi, ko kriči.
Moja je steklena volna.
Moja je vsa otava.

I'M NOT USED TO IT, LIEUTENANT, I'M NOT USED TO IT!

You don't know how to behave, parrot.
The colour of the circles under your eyes isn't silver.
You have cotton inside.
There are thorns in the cotton.

Globes scratch themselves with their skis above the mountains.
Their own throats!
Their own windpipes, their own stomachs, their own
sounds, which are the sounds from Suez.
The dam rises.
Fish usurp the shade.
Occialin! Occialin!
Mola lo, mola lo, butta lo qua!

Umbrellas get pompous, they open again.
You eat everything, you're again poisoned,
and Krushchev drives beneath the window.

You bomb *fave,*
they crackle like peahen.
Is there a puddle in glass?
Is God dotted?

Why don't they stuff the hunter?
Why is a rat born from a rat?
And calves shifting from one foot to the other,
they fall again
and shift from one foot to the other.

Everybody has to learn to walk when screaming.
The insulation is mine.
The grass is mine.

Pomešaj belo in zeleno, slast in suh smrad.
Tako se boš nekaj naučil.
Misliš, da so vajencem krpali nogavice?
Ne. Z žigom so jih zakopali v predal,
pohodili, tlačili in rjoveli,
tlačili, in ko so predal odprli,
tam so trepetali vsi nagci v bornih
pižamah, hvaležni, da niso umrli, rosni v
steklu.

Mix up white and green, delight and dry stench,
you'll learn something.
Do you think one darns socks for apprentices?
No. They sealed them and buried them in a drawer,
trampled them, pressed them and howled.
There, all the naked people trembled in
their wretched pyjamas, grateful they didn't die,
dewy in the glass.

FEDOR

Fedor! Spakiral sem te v pljuča konja.
Tam vísi in plavaj kot kaka mala
luža. Utrudil ti bom zobe s šaflico,

z barvitim, vedrim hidrantom, ki se bo
sprožil in opustošil deželo. Moka je
skrita v škripanju snega, ne v

odtisu, odtis je plah in lahko zaledeni
čez noč. Bodo na bucki pognale rože
više? Se bosta zluščila, kot smo včasih

rekli, gamin in seka? Tvoje srce je odprta,
kričeča torba. Zaleti se v pomol z
bokom. V bok ne narediš luknje.

Tito je stal na obali v Kopru, ko so
krstili pristanišče. Parnik je zalomastil
v zemljo s premcem. Vsi so obstali.

Jaz sem z balkona ostrmel. Naš balkon,
pod katerim sta se enkrat prej s
Hruščovom že peljala in smo mahali

in že takrat sem se strašno bal, da se bosta
zaletela v platano. Kako naredijo šoferji,
da zvozijo vedno tja, kamor hočejo,

da se vedno držijo ravne črte in
nikoli ne padejo s ceste (redko! redko!),
minute in minute, dolge minute tlačijo

FEDOR

Fedor! I stuff you into the horse's lungs.
There you hang and swim like a small
puddle. I'll make your teeth tired, with

a colourful, serene hydrant that will pull
the trigger and devastate the land. Flour is
hidden in the creaking snow, not in the

impression, the impression is shy and can
freeze overnight. Will buds on the pin
spring up higher? Will the lover and sister

husk, as we used to say? Your heart is the open
garish bag. Bump into the pier with your hip.
You won't make a hole in the hip.

Tito was standing on the coast in Koper
when they baptised the harbour.
The ship trampled land with its prow.

Everybody stopped. I was stunned
on the balcony. Below our balcony,
Tito and Khrushchev had already driven by

and we'd waved. Even then I was scared to death
they would hit a sycamore. How do drivers
succeed in always driving as they want,

always sticking to the straight line
and never falling off the road (seldom,
seldom), minute upon minute, they compress

zrak in ga odrivajo vstran, na sedežih se nihče
ne vznemirja, ko je pa, prijateljčki, zadnja
poteza Raymonda Roussela, tista glavna,

v Palermu, na razpolago ves čas? Tako kot
je bil na razpolago pas zemlje (še ne čisto
oblit z betonom), ki je vanj treščila ladja.

Titu ni trenila niti rokavica in dvomim,
da je dal koga ustreliti. Mrzle, sive,
železne oči so lahko obalo nazaj zabetonirale

spet čez noč. Italijani so bili takrat na
nivoju. Tisk ni pisal, kdo je naredil v zemljo
luknjo. Tudi jaz. Če bi se vame zaletel

kit in počil od strašnega trka (ali pa ob
breg čisto zraven), bi se delal, da nisem
ničesar opazil in bi vsem prepovedal jokati.

the air and push it away, no one's
upset in their seats, while, my little friends,
Raymond Roussel's last move, the cardinal one

in Palermo, is always available? As it was with
the girdle of the earth (not completely
covered in concrete) into which the ship

crashed. Tito's glove didn't even wink,
and I doubt he ordered anyone to be shot.
His cold grey eyes could cover the shore

in concrete overnight. Italians back then
were on the level. The press didn't say
who made a hole in the earth. I too.

If a whale ran into me and exploded
(or into the near shore) I would pretend I didn't
see anything. I would forbid everyone to cry.

SPOMIN

Hodil sem po cesti v Kairu.
Princ Filip tega ni razumel.
Gospodarju telic sem prinesel pilo za nohte.
Pilo za nohte sem prinesel gospodarju telic.
Gospodarju nohtov sem prinesel kilo telic.
Ne! Vrednota se razleze.
Bo nebo bolj prazno? Se bodo oči vola
kepale? Vol je pokrit s plaščem.
Doma je izpod Pohorja. Zajezil sem
dolino. Čakam, da poči steber.
Zalilo bo dolino. Samo ne vemo
kdaj. Tu je cesta na Kitajskem zidu.
Od tu letajo ptice iz šavja. Človeške
duše so jagode. Trajajo, ko zagorijo.

REMEMBRANCE

I walked a street in Cairo.
Prince Felipe didn't understand.
I brought a nail file to the owner of the young heifers.
To the owner of the young heifers I've brought a nail file.
To the owner of nails I brought a kilo of young heifers.
No! The value scatters. Will the sky be emptier?
Will the eyes of the ox snowball each other?
The ox is covered by a coat. His home is below
Pohorje mountain. I dammed the valley.
I wait for the pillar to break. The valley will be
flooded. Only we don't know when. Here's
the road on the Great Wall of China. From here
the birds fly out of the sorrel. Human souls
are berries. They last when they catch fire.

DREVESNICA

Liliputanci ogromno kokošjo nogo, ki
mi stoji na prsih (podpluta je), polivajo
s tekočino pri ostrogah. Štetje se bo
zgodilo. Šivi so počeni. Škatle mirujejo.

Strehe hiš se obračajo kot dežniki v vetru.
Belkasta in rjavkasta tekočina poplavlja
čipe. Vedro vina je na mizi. Meter ne pozna
mesa. Greben (tetrahedron, lepek, zdravje,

brez bencina, šege) klije. S postopači kuješ
zvezde. Zlezi! Mokrota je mastna. Baterija
se razlije. Gospod je v kalužnici. Sheme

niso več oblastne. Vsi z drevesa padajo
kot hruške. Nisem se še potolažil. Srce mi
utripa kot zajčku, ki bo umrl od strahu.

FORESTRY PLANTATION

Lilliputians are watering the huge bloodshot
hen's leg standing on my chest with spurs.
There will be counting. Sutures are broken.
Boxes stand still. House roofs turn round like

umbrellas in the wind. Whitish and brownish
liquids flood circuits. A bucket of wine is
on the table. The metre doesn't know flesh.
A crest (tetrahedron, glutinous, health, without

gas) sprouts. You forge stars with idlers.
Crawl down! Moisture is greasy. A battery spills.
The Lord is in a marsh marigold. Schemes are

not despotic any more. Everybody falls from
trees like pears. I'm not consoled yet. My heart
beats like the heart of a hare who will die of fear.

DETOMORILEC OPNE NE ZGRIZE. V USTIH MU OSTANE

Meritve temnih leč.
Moj temni Bog, postoj.
Grablje z opico čito (materjo),
deska hrska, plava.
Češnjica liže, drsi v laseh kot glavniček.
Jezus Kristus je bil rojen
v gipsu, ki se še ni čisto strdil.
Jem te po drobcih.
Najprej je svet v ruševinah, potem se drobijo
v svež bel prah (kaolin)
in spremenijo v dotik.
Dotik je sonce rože.

(Tega si več ne predstavljam),
vem pa, da sleče srajco in kožo
in prvo nogo izvleče kot iz bube.
Drobi gips, kjer je potrebno, ali enostavno
razvija plahte, kjer se še ni zasušil.

THE CHILD-MURDERER DOESN'T CHEW THE MEMBRANE

The dark lenses measure.
My dark God, stop.
A rake with Tarzan's cheetah
swims. Little cherry licks, slides
in the hair like a tiny comb.
Jesus Christ was born in a cast
which hasn't hardened yet.
I eat you scrap by scrap.
First the world is in ruins, they
crumble into fresh china clay
and then change into touch.
The touch is the sun of the flower.

I can't imagine this any more,
but I know it takes off its shirt and skin
and pulls out its first leg as if from the pupa.
He crumbles in a cast where needed,
or simply unfolds the canvas cover,
where the cast hasn't dried up yet.

URA

Ko je začel kandelaber izgubljati luč,
plenili so piške, je vse zazeblo ob misli
na prihodnjo zimo. Ta zima je splet.

Ta zima je norčava grča. Ta zima vidi svojo
nevarnost v obešenjaku. Prihodnja je
galicijska. Žuži prihodnje zime so vsi še

strmeči, in če se pokvarijo velni, bo
Ropret ob obroke mesa. Nevarnost.
Méd je zglob nad Jakobom. Šepa.

Profesionalne vojake napade mrčes ne
glede na število drobtin. V asfikcijo.
V asfiksacijo. Tudi ona jo je obrala,

Anne Marie Albiach. Kaj je čisti
vir in kako diši. Kaj je zastava rekla, ko je
glava pogledala skoznjo. Selim odvija

preprogo, da bi jo gledali. Nerc. Hodiš po
črnih diamantih, ki se vežejo na
rokave, ki se vežejo na manšetne gumbe.

Megla je drevje roke. Priklanja se in
odpira vodo. Gost srež boli. Vlak ga
potunka, ko gre sam pod vodo.

Ibis svoje nožice podaljšuje v grmado.
Jedra med prstani, v prostorih, kjer je
meso, plahutajo, skrivajo se, nad sebe

postavljajo šotor? Prevoden sem v
lok. Prevoden sem ves. To je Uccello,
to so konji, to so riti konjev, z butanjem

THE HOUR

When a candelabra started to lose its light,
they looted chickens. We all froze at the thought
of next winter. This winter is a knot.

This winter is a zany gnarl. This winter sees
its danger in a scoundrel. The next one is
the Galician one. The laggards of next winter are

all still gazing, and if the vellum gets damaged,
he won't get his ration of meat. The danger.
Honey is a joint above Jacob. He limps.

Professional soldiers are attacked by vermin,
not dependent on the number of crumbs. Into
asphyxia. Into asphyxiation. She too has picked it,

Anne Marie Albiach. What is the pure source
and how does it smell? What did the flag say
when the head pierced through it? Selim

unfolds the carpet to watch it. A mink. You
walk on black diamonds tied to the sleeves
and cufflinks. The tree's hand is fog.

It bows and opens water. The dense frost
aches. The train pushes it under water,
when it itself goes under the water.

Ibis elongates his legs into a pyre. Kernels
between rings in the area where there is flesh
beat their wings, they hide, they build a tent

above themselves. I'm conductible in an arc.
I'm completely conductible. This is Uccello,
these are horses, these are horses' arses, from

ob kroglico ne spi. Ko začnejo cvrčati
lučke, ko se začne blisk mediti, ko odhajajoči
odpirajo svoje rože in začne zemlja rastlin

kapljati vodo, spet nastopi zlato siva.
Murn, čriček, mufti, vsi stopijo na disk
in smo jaz, ti, mi, prva obreza kamnov

vodnjaka v logu. Po zraku se proti temi vali
prasec, boter delfina. Prasec, boter delfina?
Moja mati je bila šivilja, ki je pozabljala

lepenko. Ekvinokcij je glog. Opeke so mravlje,
vojaki si stopajo na ramo. Odrasli vojaki
preživijo noč zunaj. Spijo pri puncah.

Odrasli vojaki pijejo žganje in filmajo
žulje. Glej, kako so se prilepili na opeko.
Moja pokostnica se je prilepila na

Enverja, ki je bil Titov brat. Rudarji
uporabljamo noge drugače kot proteusi.
Pahljača ne bo izdihnila. V roki jo drži

Japonka v Osterii ai Centopoveri.
Oba jeva raco z jurčki. Greš na rob in
kličeš: hepatitis! hepatitis! Pride,

ker misli, da bo dobila zrnje in jo
potisneš čez rob kot Kabirijo. Zima
brbota. Opalnati lomi sledijo. Divi se,

divi, Magellan, v tulcu so sledi gosjih
nožic. Hagia Sofia jé roló. Rman bi se moral
imenovati praprot. Strašen napor je odtrgati

bumping the little spheres, he doesn't sleep.
When lights start to sizzle, when the lightning
starts to sweeten, when the departing ones open their

flowers and the earth of plants starts to drip water
the golden grey sets in again. Crickets, mufti, they all
step on the disc, and I, you, we are the first edges

of stones, of the well in the grove. A pig, a dolphin's
godfather rolls in the air toward the darkness.
A pig, a dolphin's godfather? My mother was

a seamstress who kept forgetting the cardboard.
The equinox is a hawthorn. Bricks are ants, soldiers
step on their arms. The grown-up soldiers spend their

nights outside. They sleep with girls. The grown-up
soldiers drink hard liquor and shoot a movie of calluses.
Look how they glued themselves to the bricks. My

periosteum is glued to Enver Hodja, Tito's brother.
Miners, we use our feet differently from the proteus.
A folding fan won't die. The Japanese girl in the

Osteria ai Centopoveri holds it in her hands.
We both eat duck with mushrooms. Walking
to the edge you shout: hepatitis! hepatitis! She comes

because she thinks she'll get grain and you push her
over the edge like Cabiria. The winter. The winter
boils. Opaline ruptures follow. Admire, admire,

Magellan, in the quiver are tracks of little geese's legs.
Hagia Sophia eats a rolling blind. A dandelion should be called
a fern. Terrible is the effort to tear off sticking plaster.

flašter. Ste kdaj izruvali otok iz morja? Res slišali hrup, ki ga povzroči voda, ko leti v prazno? Ste kdaj zaščitili meglice z lastno dlanjo?

Noge, ki se razpirajo kot pav, osteklenijo na dvoru. Sultan jih podarja kot kopije za glavice tulipanov in za kravl v bazenu v haremu.

Have you ever torn the island from the sea? Really
heard the noise made by water flying into the void?
Have you ever protected a little fog with your own palm?

Legs stretching like a peacock's get glassy in the court.
The Sultan makes gifts of them as the transcript
of tulip heads for the swimming pool of the harem.

SONCE

Sonce, krtači me! Nič se mi ne premikaš.
Ribaš mi v oči svoje žarke slave, obračam jih, od
znotraj variiram. Osmice delajo po mojem telesu,
toboganu, in tam daleč se bliska svetilnik.
Če ti gre beli medeni prah čez oči, se
vidi, kako bliska. Ko ga razgrneš, se samo
sluti. Saint-Brévin-les-Pins je kot kakšna tabla.
Samo da leži ravno, v soku močvirja. Ne škripa
po zelenem, škripalo bi samo po srežu, ampak
razpeli smo se. Zdaj vse momlja, kuha in brizga,
pene tala. Loara se mi valja po zemlji kot kak
ogromen nategnjen kit, ki mu kožo prilepijo
na obalo, širijo ga v ogromna usta, da
vanje sili morje. Kosti lovijo iz ptic.

THE SUN

Sun, brush me! You don't move at all.
Grate in my eyes your rays of glory and I turn them around
from the inside. I vary them. They make figures of eight
on my body, the toboggan, a far-away beacon shines.
If white honey dust crosses your eyes, you see flashes.
When you spread it out, you have only a premonition.
Saint-Brévin-les-Pins is like a billboard. Only it lies
flat in the juice of the swamp. It doesn't creak on the green,
it creaks only on the crusted snow, and we unbutton
ourselves. Now everybody mumbles, cooks, squirts
and foams. The Loire rolls on the earth
like a huge strung-up whale whose skin is glued
to the shore. They widen it to the giant mouth,
the ocean forces in. They hunt for the bones of birds.

VERA

Bakrena vredna usta.
Skrijem, skrijem vate svojo glavo.
Samo en bel čut imam.
Rebro, iz katerega je bil narejen Adam.

Skale, kako te špricajo.
Sinjina, kako te žge.
Tvoj, zaspan in lačen.
Objemam te.

FAITH

The valuable copper mouth.
I hide, I hide my head in you.
I have only one white sense.
The rib Adam was made of.

Rocks, how they splash you.
Azure, how it burns you.
Yours, sleepy and hungry.
I hold you.

ZAHREŠČI NE! ZAHREŠČI NE!

Važno je, da si tu.
Vse drugo, ali imaš črno meso ali belo,
ali ležiš ranjen in drgetaš,
se ne miri z mojo glavo.
Važni so udarci biča.
Prhke, sladke votline srca.

In če te vlečem za roke kot mrtvega Hektorja
in rečeš dovolj, nor si,
greva v kino po stopnicah,
mlaskam, premišljam, kako te bom
spet zleknil na to debelo preprogo.

Sesul na gosto mehko travo,
ki še zadiši po tvojih prepotenih laseh.

CREAK NO! CREAK NO!

The only important thing is that you are here.
Everything else, your white or black flesh,
your lying down wounded and shuddering,
does not make peace with my head.
The cuts with the whip are important.
Crisp, sweet cavities of the heart.

And if I pull your hands as those of dead Hector
and you say enough, you're nuts,
we go to the movies using stairs,
I click my tongue, thinking how I will
stretch you again on this thick carpet.

Pull you down on the compact soft grass,
still sensing your sweet sweaty hair.

WHITE HASH, BLACK WEED,
GREGOR SPOROČA KAJ POČENJATE

V kredi belih lis je zataškan humor.
Ljudje me sprašujejo, kako se mi veke
potopijo. Najbolj preprosto: koža,

božaš delfina, včasih požgeš Armenijo.
Diran točno ve. Hash pomaga, hash je
walker. Ne za njega, on je črn, zanj je

weed. Marco je spet telefoniral.
Res hoče kupiti Lindos. In premišljam o
Juanu (njegova tašča, psihiater,

strenirana pri Lacanu, razočarana, ker v
Neaplju ni pravih strank) jasno, da izklopi,
ko premišljuje o Nazco črtah. V glavnem so

odšli in nabirajo gobe, jaz ostajam.
Plešem na včerajšnjem weedu in tudi Diran
tipka. V stolpu je. On ima vse

zlito v kompjutru, jaz pa, če fizično ne
sekam drv, otopim. Roženico mi pojejo
baklje in iz geoglifov se privalijo palčki v

togah. Brni in če je kdo res premislil, kako
zidati hišo, je to Juan. Tudi v Pittsburghu me
hočejo za semester. Liliana Ursu si želi,

da jih napišem predgovor. I'm hot in
Kuala Lumpur. V Singapuru precej
znan. V Jakarti pa samo med ozkim

krogom, ampak ti so goreči. V Jakarti
ljudje nimajo dosti denarja in si morajo
moje knjige sposojati. Še imam tisti listek,

WHITE HASH, BLACK WEED,
GREGOR IS TELLING ME WHAT YOU ARE DOING

In the chalk of a white blur humour is
stuffed. People keep asking me how I
dip my eyelids. The simplest thing:

the skin, you caress the dolphin, sometimes
you burn Armenia. Diran understands
exactly. Hash helps, hash is a walker.

Not for him, he's black, weed is for him.
Marco called again. He really wants to buy
Lindos. And I think about Juan (his mother-in-law,

a psychiatrist, trained by Lacan, disappointed
by not having enough real customers in Naples)
obviously he gets detached thinking of the Nazca

Lines. They've all gone away to pick mushrooms,
I'm staying. I dance on yesterday's weed, Diran
types too. He's in the Tower. He has everything

in his computer, but me, if I physically don't cut
wood I get torpid. My cornea gets eaten by
torches, dwarfs in togas roll from geoglyphs.

It hums and if anyone really thought out how
to build a house, that's Juan. In Pittsburgh too
they want me for a semester. Liliana Ursu wants me

to write an introduction for her book. I'm hot in
Kuala Lumpur. Quite known in Singapore. In
Jakarta only within a small circle, but they're

afire. In Jakarta people don't have a lot of
money, they have to borrow my books.
I still have that leaflet, Andrej, you gave me

59

Andrej, ki si mi ga dal na preletu čez
Azijo. Vse spravljeno. Ne izmišljujem si
in ne lažem. Ne pretiravam. Razen,

kadar ne občudujem Marcotovega čolna.
Obupen. Požira ogromno bencina.
Jasno, da ga ne moreš prodati

nikomur drugemu, razen saudskemu princu
pod ceno, morda tistemu, ki sva se z
njim opazovala na grških otokih.

Sam ga je zdizajniral in izsledil. Izum
izslediš kot lovski pes. In bila
povsod melanholična. Jaz sem zares sledil

Arhiloha. GLADSTONE JE BIL
SVINJA. SAMO DISRAELIJA SEM ZARES
MARALA, jasno slišim. Kot je Pogorelić

dobil vse od Liszta, vse preko živih ljudi,
tako tudi jaz zdaj lahko pijem globoko
v angleško krono. To je strateško

pomembno. Marco Canoni. Preverite.
O tvoje oči, kraljica Viktorija. O tvoje
belo perje. Ampak mlade pikice delajo

isto. Na gostem so, na drobnem in
svežem. Jaz na redkem, strašnem,
blaznem. Ne prodanem, ne prodanem.

Borim se z napovedjo Primoža, da bom
končal kot pozlata, samo igram se.
Deit boža mojo glavo. Deit vpliva na

plen. Tri nagačene frklje so si podpirale
glavo s šraufi. Potem jim je zmanjkalo
kamomile in povest se tu konča.

when we crossed Asia. Everything stored.
I don't invent. I don't lie. I don't exaggerate.
Except when I admire Marco's boat.

A terrible one. It swallows tons of gas.
Of course you can't sell it to anyone else
except a Saudi prince, maybe that one

there in Greece. We did a lot of staring
at each other. Marco designed and
traced it out himself. The invention,

you trace it like a hunting dog. And
we were melancholy everywhere.
In fact, I traced Archilochus.

GLADSTONE WAS A PIG. I ONLY LIKED
DISRAELI, I hear clearly. As Pogorelić
got everything from Liszt, everything

from the living, me too, I can now
drink deep into the British Crown.
Strategically it's important. Marco Canoni.

You should check him out. O your eyes,
Queen Victoria. O your white feathers.
The young dots do the same. They're

on the dense, on the tiny and the fresh.
I'm on the rare, on the horrible and the mad.
But not sold out. Not sold out. I'm fighting

with Primož Kozak's prediction that I will
end as a gilt layer. I only play. Mineral water caresses
my head. Mineral water decides about my loot.

61

KIČ

Fuk s hermafroditom je grozljivo zahteven.
Ne veš, pri čem si.
Parafa! Vrtinci! Še plavaš?
Lomiš drobovje in rogove.
Svila te oblepi kot izolacija.
Pore skeniraš, evo,
v klobčiču škripa parket.
Gre za Postavo.
Tišina nastopi v Eolu.
Drevje te boli.
In na harfi je priliman lik
in na svetlečem papirju.
Oblačiš begunske hlače.
Port Royal. Mutast in hrepeneč,
grem.

KITSCH

To fuck a hermaphrodite is dreadfully demanding.
You don't understand what it's all about.
Initial! Whirls! Do you still swim?
You break up entrails and horns.
Silk glues you all over for the isolation.
You scan the pores, now,
in a ball of thread the parquet screeches.
It's about the Law.
The silence appears in Aeoleus.
The trees ache.
On the harp there's a figure
stuck on a shiny paper.
You put on refugee trousers.
Port Royal.
I leave mute and full of yearning.

TRDIM

Trdim, da je nositi kamenje logično, da je leteti logično
da je logično z nohti grebsti po tenorju, vreči v peč dim
trdim da so logične košare, da so logične dinje
trdim da vsaka logična družba je kruh
trdim da so logični swift, zdravniki in kavalirji
dekadentne ovijalke kot lijane, ime psa
da je logično potovanje z vlakom, akcesionarji, zid med numizmatiki
trdim da je logično streljati v usta otrok z avtomatom
da so logične likovne vrednote, saje
kretnje padalca, ki se mu padalo ne odpre
trdim da je logična panika, woodstock, prozeliti
logičen samomor, spanje na pernicah, marmor
da je logično mumificiranje metuljev, vlak osaka-tokio
tone zavrženega jekla, da je logično število tri
trdim da je logična mistika, vrt posut z jaguarji
da je logično poreklo italijanov, ruskih step
trdim da je logično če bog skozi usta prska slano morje
kot vidimo razigrane kopalce na plaži, če vidimo drevo
logično je obrati koruzo, nasekati treske
logično griče naslikati z lučjo
logično je odpiranje ust žab, sejanje s helikopterjem
logične so potice, lustri iz pergamenta
kivi ptiči so logični, pesek v sandalah kraljice iz sabe
logične so abreviature v paleografiji, grede v telovadnici
logično je kristusovo telo
logično je da se policaji pozdravljajo tako da jim ni treba dvigati kap
logični so tolmuni, da ljudje v sibiriji zmrznejo če so na prostem
logični so akant, vitice
logično da zgori človek če mu z bencinom poliješ meso
logične so krilate živali, gangsterji v vežah smrdečih po smeteh
logičen je stabat mater, magnificat, logične so barve
mnemoniti so logični, ure s steklom
logične so njive, hruške, personal ki pobira račun za plin
logičen je proces ko se peče kostanj, ko igrajo karte igralci kart
logičen je plosk, plosk, logično je da se mumij ne sme brcati
logični so ušesa, uhani, golobi, potice
logično je da se bo indija potopila in da jo bomo videli samo z masko
logičen je zoom

I AFFIRM

I affirm to carry stones is logical, to fly is logical
it's logical to scrape with nails the tenor, to throw smoke into the stove
I affirm baskets are logical, sweet melons are logical
I affirm every logical society eats bread
I affirm Swift is logical, physicians and cavaliers
decadent lianas as lianas, the name of the dog
a journey by train is logical, accessories, a wall between numismatists
I affirm it's logical to shoot into children's mouths with machine guns
that visual values are logical, soot,
the gestures of the parachuter who couldn't open his parachute
I affirm panic is logical, Woodstock, proselytes
logical is suicide, sleeping on quilts, marble,
the mummification of butterflies is logical, the train Osaka-Tokyo
tons of steel thrown away, logical is the number three
I affirm that mysticism is logical, the garden strewn with jaguars
the origins of Italians, logical are the Russian steppes
I affirm it's logical if God gargles the salted sea
as we can see playful bathers on the beach if we see the tree
logical it is to gather corn, to splinter wood
logical to paint hills with light
logical is to open the mouths of frogs, to sow with a helicopter
logical are nut rolls, parchment chandeliers
kiwi birds are logical, sand in Queen of Shebah shoes,
logical abbreviations in palaeography, beams in gym
logical is Christ's body
logical that cops can greet each other without taking off their caps
logical are river pools, that people in Siberia freeze to death if left outside
logical acanthus, tendrils
logical that a man, if his flesh is drenched with gasoline, burns
logical are winged animals, gangsters in doorways stinking of litter
logical is the stabat mater, magnificat, logical are colours
mnemonites are logical, clocks with glass
logical are fields, pears, personnel picking up bills for gas
logical is a process, the roasting of chestnuts when card-players play with cards
logical is clap clap, logical is that mummies cannot be kicked
logical are ears, earrings, doves, cookies
logical is India will sink, we'll be able to see it only with a mask
logical is zoom

65

BOG

Bog vre in motri.
V med stopi z glavo.
Brado namaka v kašo.
Ko naredi gore, bliskajo.

Vadi trn. Ima.
Umije čopiče, ki so se zatrdili.
Briše obraz in oči,
da je svet tih in nem.

Odpre mu okno.
Ko ropota s šipo,
kitom, steklom,
se ve: vtisnjeno.

GOD

God boils and observes.
He steps in the honey with his head.
He soaks his beard in *kasha*.
When he makes mountains, they flash.

He drills his thorn. He has.
He washes his hardened brushes.
He wipes his face and eyes,
so the world will be silent and mute.

He opens its window.
When he makes a noise with the window-pane,
the putty, the glass,
we know it: impressed.

KUSTOS V NANTESU

O, če bi lazil po bradi in dveh brzicah
naenkrat, z vesli uravnaval čoln kot na
nemških romantičnih slikah, ne, to ni

res, mi ne strmimo, ampak narišemo tudi
mrože s čekani, majhne mrože, izgubljene
v peni ledenih gor in sneženih palačink.

Mrož s čekanom predre mornarja. Ampak
kako naj bi to učinkovalo na sliki? Mornar
leži mrtev na ledeni ploskvi in krvavi.

Francoske drobne zgodbe, ki navdušujejo
harvardske strokovnjake, oni so tudi
francoski romantiki vrnili slavo in

opozorili, kako so celó Skiro pojedli
Nemci, ampak kam bo šel zdaj mornar? Bo
odšepal, če ni več živ? Umrl je nekako

postransko, objektivno je njegova
smrt precej gnila, čeprav zasnežena,
in vse to škripa med nabadanjem harpun,

kar se pa učinka tiče, morda to pot res
izjemoma, raje strmim v čisto naravo
kot topla krava na nemških slikah, ker

ti tam vsaj kocine potrga *Empfindung*.

THE CURATOR IN NANTES

O, if I could creep on a beard and two rapids
at the same time, co-ordinate the boat
with oars as in German Romantic

paintings. No, not true, we don't stare,
we paint walruses with tusks, little
walrus, lost in the foam of icebergs and snowy

crêpes. The walrus with its tusk perforates
the sailor. But how would that affect the painting?
The sailor lies dead on the icy surface,

bleeding. Tiny French stories enrapturing
Harvard experts, they gave the glory
back to the French Romantics, and pointed out

how even all Skira books are eaten by
Germans, but where will the sailor go?
Now, not even alive, will he limp away?

He died incidentally. As a matter of fact,
his death is somehow rotten, although
snowbound. And all this creaks during

the piercing of harpoons, but as for effect
maybe, only this time, I prefer to stare into
pure nature like a warm cow, because

there at least *Empfindung* plucks your hair.

SERGEJ

Štokrle je bil umazan od penicilina, premoga in
lutk. Oblaki so se spuščali skozi
gredo. Jaz sem odmikal in pomikal risarski

šilček. Odcep je odcep. *Galline,* ki se
odločijo ne več bdeti, odnese tok.
Parkrat še zrolajo svoje rokavičke na splav,

ampak to bolj iz spomina. Krokodili se
še umikajo. Najprej ne opazijo. Potem se
krokodil spet spomni, kako je raztrgal

konja, spomni se čofotanja in sončnega
vzhoda in malo poskusi, če je splav
mehak. Ni glinenih robov. Ni cementa.

Ni proda. Ni lusk in štorov. Ni v
zemljo zabitih kosov oblačil. Preselil
sem se. Zdaj veslam po Ljubljanici in

razmišljam, da ne vidim več okna. Iz
gradu je prišel in potrkal nanj. Tudi
Crimsonu je označil rez. Moja belina je

okrogla, njuna v zvoku. Spomnim se,
kako sta si z Juretom delila rob. Usmrčen
sem bil proti jutru. Slečen življenja

lahek. Mleko mi je še puhalo iz oči in vrtelo
kroglice, ki niso več registrirale niti račjih
tačk. Penelopa je izprosila izmik za britje.

SERGEJ

Penicillin, the coal and the puppets dirtied
the footstool. Clouds descended through
that patch of ground. I shifted and moved

the sharpener. The turning is the turning. Hens,
those among them deciding not to be awake,
were swept away. Here and there they still could

roll up their gloves on the raft, but more from
memory. Crocodiles are still retreating.
First they don't notice. A crocodile then remembers

how he tore apart a horse, he remembers
the splashing and the sunrise, and slowly sees
if the raft is soft. There are no loamy edges. No

cement. No gravel. No scales or tents. No
pieces of cloth to sink a post. I moved away.
Now I'm rowing down the Ljubljanica and think

about not seeing the window any more. He came
from the castle and knocked on it. He marked
the cut for Crimson too. My whiteness is round,

both of theirs is in the sound. I remember how Jure
divided the edge with him. I was put to death
at daybreak, lightweight, stripped of life. Milk puffed

out my eyes and turned round like little balls not
registering even duck's paws any more. Penelope
succeeded in begging for an evasion of the shave.

71

LJUBEZEN

O Bog, ožema se mi srce in lije.
Stroj brni.
Pore se mi odpirajo kot trosi,
tačke mežikajo in me polnijo s sladko plimo.
Ud se odpre in grize,
požira nebo.

Glava jé glavo,
modrina hiti in piše,
zemlja se nadaljuje v kupčkih
in vse kosti so žametne kosti.

Ptiček si razbija glavo v krvi.
Poči membrana.
Špricne, zlije se
moč in blagost nosnic.
Tako sveto bitje vzklije,
fižolček,
madrac,
voda,
ribnik ujet v oko.

Pes ima rep.
Plašč ima kapuco.
In smreka s svojimi iglicami
boža nosnice.
V prsih se mi obrača čebula,
prerezano meso,
karte, ki se zamenjujejo
kot napisi mest in ur
smeri vlakov na postajah.

Zakaj sem tu?
Kdo ve?
Kdor me poljubi in stisne,
me stiska skozi sito.
Da klijem kot njiva z žitom.
Srka me blisk.

LOVE

My heart wrings out and pours,
the machine buzzes.
My skin opens like drums.
My little paws blink and fill me up with the sweet high tide.
My member opens and bites,
swallows the sky.

The head eats the head,
the blueness hurries and writes.
The earth goes on in small heaps
and all the bones are velvet bones.

The little bird breaks its head in blood.
The membrane bursts.
It splashes, the power and gentleness
of nostrils come together.
So the sacred being sprouts,
little bean,
a mattress,
a pond caught in the eye.

A dog has a tail.
A coat has a hood.
The pine tree with its needles
caresses the nostrils.

Cards, changing like
inscriptions of the towns
cut through flesh
and hours of trains at the station.

Who kisses me and holds,
presses me through a sieve,
lightning sucks me.

Požirek sem.
Jaz sem to blaženo, mlaskajoče telo.
Pipika rastline,
pipika rastline.
Stavba ust stolpa mojega,
ki se žge in ruši vase, vre.

O vreče živega zrnja, zasujte me!
O vreče živega zrnja!
Jaz sem korenina sladkosti,
ki jo Bog ruje kot repo.
Nebo, premazano z zvezdami.
Tvoj in svoj med.
Tu.
Pri tebi.
Tu pri tebi.
Tu.

I am a gulp.
I am the blessed, munching body.
Little hen of the plant.
Little hen of the plant.
The edifice of the mouth of my tower,
burning and collapsing into itself.

Sacks of living grain,
I am the root of sweetness,
that God plugs like a turnip,
the sky smeared with stars.

Your honey and my honey.
Here.
Beside you.
Here, beside you.
Here.

RUMENA DREVESA

Slonova loputa maha s peško.
Imetniki se poskrijejo.
In riba – dvakrat prerezani
solni steber z odstopajočimi flajštri.
Odšel skozi noč.
Posijalo sonce in odšel skozi noč.
Rumena drevesa, so se skrila?
Je žamet, lazura emajla odprla
tri različne reke?
Kje je bilo poskrito nebo?
V jaslih. Smo jih zavili v goreči križ
čokoladnega usnja kamnov pod vodo?
Zgine rosa. Zgine kolobar.
Zgine postelja. Zgine senca.

YELLOW TREES

Elephant's flap waves with a fruit-pit.
Holders hide.
And the fish – a pillar of stone,
cut two times, with peeling Band-aids.
He went through the night.
The sun shone and went through the night.
Yellow trees, did they hide?
Did the velvet, the azure of enamel,
open three different rivers?
Where was the sky hidden?
In a hayrick, did we wrap them in the chocolate
leather of a burning cross of stones under the water?
The dew disappears. The disk of light disappears.
The bed disappears. The shadow disappears.

KIČ

Post prehrani lačne.
Bela vžigalica spi.
Pukajo mi perje.
Tatra cirkulira.
Čudaštvo je sedem torbic na rami,
tiste z limom, tiste s perjem.
Pohodijo me, da mi lahko izpulijo
ud za par minut za par centimetrov.
Da potem skoči nazaj, v
slavi in prerojenju.
Lokomotiva vriska.
Rebra so podpluto nebo.
Madraci drvijo v svojo lego.
Ti si gost na zemlji.

KITSCH

Fasting nourishes the hungry ones.
A white match sleeps.
They pluck the feathers from me.
Tatra Mountains circulate.
Oddity is seven bags on one shoulder,
the ones with glue, the ones with feathers.
They trample me to pluck out my
member for a few minutes,
for a few centimetres.
Then it jumps back in glory and rebirth.
The locomotive jubilates.
My ribs are a bloodshot sky.
Mattresses rush into position.
You are a guest on the earth.

MOLČE BIVAM

Gre za natečaj.
Svet se je začel pahljati.
Domine so predelali v rokave.
Po kotih ležijo črne omare in bele pike.
Ko kljun ptiča razgrebe prsi, šele
zares zagledaš sijajno čebulico glave morilca.
Obenem je polonica in Rdeča kapica.
Robespierru so prinesli mrzlo kavo.
Okusi so različni.
V gozdu sem srečal pleča jelena.
Odrinila so me v smer,
kjer je bila ob deblu žajfa-molče-bivam.
Molče, z biseri jagnjetine in spet molče.
Kino je izdelovan v šatuljicah za hruške.

I DWELL SILENTLY

It's all about the contest.
The world started to fan itself.
Dominos were reshaped into sleeves.
Black closets and white dots lie in the corners.
You truly see the magnificent little onion, the murderer's head,
only when the bird's beak scratches the chest.
It's a ladybird and a Little Red Riding Hood at the same time.
Robespierre was brought cold coffee.
Tastes are different.
I've met the deer's shoulders in the woods.
They pushed me in the direction
of the SOAP-I-DWELL-SILENTLY near the trunk of a tree.
Silently, with pearls of lamb, and silently again.
The film is made in little boxes for pears.

MED

Boril sem se za ljubezen in se zastrupil.
Bal sem se za ljubezen in trpel.
Moj ljubljeni ima roke kot med.
Med (kako sem ga pozabil) so njegove roke.
Kako pisati, če sem dal vse.
Ni odnehal, dokler mi ni vzel vsega,
ni se staknil.
Črno od bolečine je bilo moje telo,
ko mi je pil dar besede.
In ko sem dal zadnjo, je šel.
Zdaj pišem spet, ker sem srečen.
Ker sem se v njem izničil.
Vstal je in me pozabil.
Za zmeraj.
Uporabil je svojo misericordio.
Skrivnosten, svetel in tih smuča po moji krvi.
Dojenček joka.
Cigareta se kadi.
Šipa spomladi še ni bila umita in v sobi je mrzlo.
Tri različna žvrgolenja ptičev slišim
in ne vem, kateri je kateri.
Tudi jaz sem srečen, da sem te izgubil.

HONEY

I fought for love and poisoned myself.
I feared for love and suffered.
My beloved has hands like honey.
Honey (how I forgot him) are his hands.
How to write if I gave everything.
He didn't stop until he took it all,
he didn't meet himself.
Black from pain was my body,
when he drank my words.
And when I gave the last one he left.
Now I write again because I'm happy.
Because I annihilated myself in him.
He stood up and forgot about me.
Forever.
He has used his misericord.
Mysterious, light and silent, he skis on my blood.
A baby cries.
A cigarette smokes.
A window-pane, not yet washed this spring, the room is cold.
I hear three different birds warble
and I don't know which is which.
I'm happy too I've lost you.

ZBUJENA SI

Spoznam ga, Edoarda, njega in njegovo
taščo, vsakega s svojo knjigo v Ulici
sicilskega kralja v Maraisu v Librerii

Italiani v Parizu. Samo da *La comunione
dei beni*, položena na mizo, tu nima
tistih črt, enajst žarečih črt in posvetila

per Tomaž, amico luminoso, kot tista v
moji sobi. Nonica in Dante sta te
poslala. Pri nas ni bilo prahu. Zvoki

čiščenja srebrnine v belih kosteh sip
so se razdišali in Metka je bolna in
kašlja in želi biti cartana. Posnemava drug

drugega orbito. Copati drsijo po tlaku
za božič. Zavese so črne. Zidovi so beli.
Andraževa slika je rdeča in rana da

stabilnost. Če ne bi bilo luknje ali
preseka, ne bi moglo nič odteči. Bolelo
in napihovalo bi se, ali bilo prazno

in krmežljavo in ne bi moglo shoditi in
vstati. Rjuhe naj se kadijo in naj bodo
kot vrele oblate. Češnji je obljubljen vrt.

YOU'RE AWAKE

I recognize him, Edoardo, him and his
mother-in-law, both with their books in
the rue de rois de Sicile in the Marais in Libreria

Italiana in Paris. Only that *La comunione*
dei beni, put on the table here, doesn't have
those lines, those eleven beaming lines

and the dedication *per Tomaž, amico luminoso,*
as the one in my room. My grandmother and Dante
sent you. There was no dust in our house.

The sounds of cleaning the silverware with the white
cuttlefish bones weren't fragrant any longer and Metka's
ill, she coughs and wants to be cuddled. We copy

each other's orbit. Slippers glide on the pavement
for Christmas. Curtains are black. Walls are white.
Andraž's painting is red and a wound makes you stable.

If there were no aperture or cross-section,
nothing would flow away. It would hurt and
explode, or it would be empty and bleary,

and couldn't start to walk or get up. Let sheets
smoke, let them be like boiling wafers.
Now there's a garden promised to a cherry-tree.

DATLJI

Tu. Pojej vse datlje. Na prtu, na pesku, ob
robu puščave se sušijo. Bi koruza, ki bi
ji obrnil kót (križ) prebila hlode

brunaric? Bi se tobak razdišal v blatu,
poplavah, ko bi odneslo glino? Kamele so
starejše. Dvigajo se kot starke, ki ne

morejo več športno moliti. Ampak On, ki
peče, ki trga nozdrvi živalim in sinicam.
Ki lahko naredi poplavo in skrči tvoje

ude. Kam ga boš zbasal? H komu ga boš
prinesel? Oker je njegovo meso, ko pada
sonce v zakristijo pod kotom. To se vidi

iz oči. Iz zarotniških toplih gnezd,
mencajočih pred cerkvijo. Kot če bi s
slamico izpil ves bazen, dal not mufe,

trstičje, banane, kosmiče, mamino rokavico,
ki strašno diši in igrače: slončka, Pufa,
pa vse to obrizgal z balzamom, spet

dolil vode in nakapljal joda, zaradi
barve, zaradi zdravja, zato, ker ni še
dolgo, odkar je bila vojna in se not

vrgel, na pauh. Kvišku se poženejo listi
sreče. Ljudje odpirajo oči kot v cukru.
Vse se čisti. Ko je Kristus stopil v moje

meso, saj ga najprej nisem niti čutil.
Mislil sem, da je bula, nekaj toplega, kos
brisače, ki leze proti srcu. Ampak potem:

DATES

Here. Eat all the dates. On the tablecloth, on the sand,
they dry at the desert's border. Would corn, if you
could turn the angle (the cross) break through

dacha's logs? Would tobacco lose its scent
in the mud? In the floods taking the loam away?
Camels are older. They rise like old women

not able to pray sportingly any more. But
He who burns, who tears the nostrils of animals
and titmice apart, He who can make the flood

or can contract your limbs, where will you put Him?
To whom will you carry Him? His flesh is ochre
when the sun falls at a certain angle in the vestry.

You see it in the eyes. In the warm conspiratory
nests, by the fidgeting people in front of the church.
As if you would drink up the whole pool

through a thin straw and in it put mittens, reeds, bananas,
cornflakes, mama's smelling glove and toys:
the little elephant, Pouff, and you would splash it

with balm, again add water and drip in iodine
because of the colour, because of health, because not
long ago we had a war, and you would jump in

on your stomach. Leaves of happiness spring up.
People open their eyes as if they were in sugar.
Everything gets purged. When Christ entered

my body, first I didn't even notice. I thought
it was a lump, something warm, a piece
of a towel creeping towards my heart.

Spuščal sem jih, kot rokavice, da bi se
prepričal. Ni popustilo. Takrat smo bili
v jazzu, kot moja mama, *cia cia cia.*

Eno generacijo prej, jaz pa spet:
rafija, kako splav zavežeš, kako skoplješ
dovolj globoko jamo, da ne razriješ

ruše. Praktično smo se trenirali za
deviški pokop. Vode naj bi bile
čiste. Pa je vdrlo. Para na obraz.

Mozart na cufajoče se deke. Krilili so
ptiči, vsi, ne samo golobi, ne samo
Sveti duh. Vsi. Tudi kavke. Kavke

so se zaletavale v steklo Chartresa,
podgane so prosile in lezle po
notranji strani hlač viteza. Se ti kaj

gnusi? Zelen si, zelen si, zelen si.
Tvoja duša? Tvoja kri je mastna, tako
kot moja. On popapa vse tombole in žari.

But then: I slid it like a glove, to be certain.
It didn't ease. We were into jazz, my mother,
cha cha cha, one generation before, and

I again: the straw, how to tie the raft,
how to dig a deep enough pit without
damaging the turf. In practice we trained

for the virgin burial. The waters should be
clean. But they invaded. Steam in the face.
Mozart on the frayed blankets. All the birds,

not only the doves, not only the Holy
Ghost, flapped their wings. All of them,
jackdaws too. Jackdaws kept bumping

into Chartres' windows, rats begged
and climbed up inside the knight's
trousers. Is this loathsome to you?

You're green, you're green, you're green.
And your soul? Your blood is greasy, as is
mine. He eats all the tombola prizes and gleams.

FORMA, NE HITI, NAVADI SE SPET ZIJANJA

Dihaj, grabi vrt. V rodeu ni pelerin, ki se
napenjajo, skačejo. Vlak jemlje late.
Prebuja se som gore. Obdajajo ga piskači.

Ljudstvo s tankimi nogami. Žrebice, poležane
po tleh, prelite s svilo. Rokavi so trikrat
obrnjeni in veter potuje še gor. Stebri

so se obdali sami okrog vodnjaka. Žuželke
zamenjujejo lamele. Kosti obrača. Samo
roka ob telesu umirja. Nehaj drobiti igrače

kot grude. Vsa naložena solata, poceni
plastika, ananasi, kape, so hribi za spoj.
Dokler jedro klije, sika roj. Mama spozna

otroka. Voda je pitna. Mah je puščavi
malica. Vznemirjeni obleži. V počivanju
se luč spere. Preobje se, ki ga zriva na

rob. Luske se odprejo, tako kot zlate
špice, Hollywood je v orehu v soku breskve.
Zatiči so za postavo. Liži Kafko, dokler

ne postane prijazen. Ne bo se otoplil. Ne
bo se stopil. Ne bo prevzel odgovornosti
za zgodovino. Sam ga počeši. Jaz imam

umetne živce, ki sem jih prekrvavil.
Pluta v steklu, ki se preobje sladkorja,
iz treh elementov sestavi vrelec. Otroškost,

nedolžnost, začudenje je hranljivi dom.
Tam me plezanje pogleda Andreja Medveda,
njegov utrip in spomin na nove kraje

FORM, DON'T RUSH, BEGIN TO GAPE AGAIN

Breathe. Grab the garden. In rodeo there are no
jackets stretching, jumping. The train takes lathes.
The mountain's flounder is waking up. Pipers surround it.

People with thin legs. Fillies, lain on the ground,
poured over with silk. The sleeves are turned around
three times and the wind still travels up. Pillars

circle the well by themselves. Beetles change
blades. Bones turn around. Only the arm along
the body soothes. Stop to crumble toys like

clods of earth. All packed salads, cheap plastic,
pineapples, caps, are hills for junctions.
As long as the kernel germinates, a swarm hisses.

A mother recognizes a child. Water is drinkable.
Moss is a snack in the desert. The one alarmed is
knocked down. In resting the light washes off.

He over-eats, the one who is pushed on the edge.
Scales open like gold nibs. Hollywood is a hickory in
a peach's juice. Wedges are the law. Lick

Kafka, until he becomes kind. He won't warm himself. He
won't melt. He won't assume responsibility for
history. Comb him by yourself. I have artificial

nerves that I warm up with blood that lives.
A cork in a glass that over-eats on sugar puts
a spring together with three elements. Childlikeness,

innocence, amazement is a nurturing home.
There the climbing of Andrej Medved's gaze, his
pulse and his memory of new places, change me.

menja. Občudujem ta zaslon. Čredo
konj, ki jo vpije kot svilo zase. Murva
je. Ličinka in gomolj, prekrasen prelaz

bleska vrelega snega, tu, Medo, daj mi
roko. Čofota, ribaje, sveža in nevarna.
Viharji mu lahko zdrobijo freske na ramah.

Žitnica je večna. Lava je brezobzirna.
Dila, kroglica (polkrogla) iz mehkega
blaga, kamor so zatikali bucke – ježek –

in to spremeniti v pokrajino, *dolce stil
nuovo*. V raju smo vsi omamljeni. Lucidni,
na robu verjetja. Skrušeni kot bi nas

polivali z vedri mleka, ampak vseeno
silne brbončice, ki pridelujejo repo na
skorji zemlje in katedrale, kjer je prej

stal zrak. Sugerji smo. In tudi če ogromno
sondo na dolgi žici, ki visi iz višave,
pelješ okoli, da plemena vriskajo, brišeš

z zidovi mah njene okroglosti, glavna
težnja ostane, obnavljati Boga.
Luščiti ga, preoblačiti, zbujati, nove

nitke napeljati lutkam. Iz ust narediti
ukaze, jezera naj se izčofotajo na
skalah. Mile srne v peni kristalnega

glasu in matjuška v ogledalu s
predpasnikom, zakaj ne, vsi živimo
iz vseh, mehko meso vstajenja.

I admire this screen. A herd of horses, he
absorbs it like silk for himself. He's a mulberry
tree. A larva and a bulb, the most beautiful

passage of glitter in snow, here, Medo, give me your
hand. He splashes, he's a fish, free and
dangerous. A tempest can crush frescoes on his

shoulders. Granary is eternal. Lava is ruthless.
A plan, a little ball (half-ball) made of soft
cloth into which pins are stuck – little hedgehogs –

changed into a landscape, *dolce stil nuovo*.
We're all stupefied in paradise. Lucid, at
the edge of believing. Contrite as we were

watered with pails of milk, but nevertheless
mighty taste buds grow turnips on the crust of
the earth, where before the air stood. We

are the Sugers. And even if you drive around the
enormous lead on the long wire hung from the heights
so that tribes jubilate, with the walls you erase

the moss of its roundness, the main aspiration,
to renew God, remains. To peel him, to change his
clothes, to wake him, to lay new strings for

puppets. To give orders from the mouth,
lakes should splash themselves to the full on
rocks. Gentle doe in the froth of the crystal

voice and Matjushka in the mirror with
an apron, and why not, we all live off
everybody, tender flesh of resurrection.

OKNA

Se spomniš iz Chartresa, ko sem ti
telefoniral? Skrušen in požrešen,
strašen v svoji želji. Rad si planil iz

sanj po slušalko in momljal, ne, ne,
nisi me zbudil, saj sem si ga že zdrkal.
Pa ni bilo res. Še v snu zasedeš celo

polje, prve črte. Potem šele popuščaš,
se za hip vdaš, če ti privabim slino in
hrepenenje. Skavti pred katedralo so

začeli po malem rojiti. Obema so roke
umirale. V dolini (naravnem amfiteatru)
ni pokal bič. Franki so zavreli.

Mislil sem, da bom z glavo razbil šipo
celice in potem odšel peš, počasi, dol,
v kavarno. Vsi so bili na delu. Kadil

sem. Keglji so se transformirali v
ose, ki so korakale po sivem žametu
in brale iz starih liturgičnih knjig.

WINDOWS

Do you remember, from Chartres, when I
called you, contrite and voracious, terrible in my
desire? You liked to jump out of your dreams

to grab a receiver and mumble, no, no, you
didn't wake me up, I've already jerked off.
But it wasn't true. Even in dreams you seize

the whole field, the first lines. Only
then you ease, surrender for a moment,
if I attract your saliva and longing.

The boy-scouts in front of the cathedral
started to swarm. Both our hands were dying.
In the valley (the genuine amphitheatre)

the whip didn't crack. Francs started
to boil. I thought I would break the phone-booth,
then slowly walked down to the coffee house.

Everybody worked. I smoked. Skittles
turned into wasps, walked on grey velvet
and read from the old liturgical books.

BELO OGROMNO BITJE

Belo ogromno bitje me ljubi na beli blazini.
Mehko me tepta.
Miren sem.
Mehko me tepta.
Mehko me tepta.
Mehko me tepta.
Vidim Nietzscheja.
Miren sem.
Mehko me tepta.
Mehko me tepta.
Mehko me tepta.
Vidim Kristusa.
Miren sem.
Mehko me tepta.
Mehko me tepta.
Mehko me tepta.
Vidim Babita.
Tebe ne. Ti si v meni.

A HUGE WHITE BEING

A huge white being makes love to me on a white pillow.
He tramples me gently.
I'm calm.
He tramples me gently.
He tramples me gently.
He tramples me gently.
I see Nietzsche.
I'm calm.
He tramples me gently.
He tramples me gently.
He tramples me gently.
I'm calm.
He tramples me gently.
He tramples me gently.
He tramples me gently.
I see Bobby.
Not you. You're in me.

NA VIA BOSCOVICH

Na Via Boscovich
receptor vsako uro ven lazi,
da bi videl, če je
še parkiran moj avto.
Zjutraj pijem kapučin in
sobarici podarim riž.
Bil sem velik gospod,
Il professore, tam daleč, v temnih deželah
padel v težave,
gentilissimo, educatissimo.

Ko smo vsi z olajšanjem ugotovili,
da ne švercam drog ali
orožja, ampak cenene uhančke,
ki jih bašem v škatle za riž in
lepim nazaj z UHU-jem, smo se
smejali, zarotniško in nam je odleglo.
Od tod vse te kile riža, ob
vsakem mojem obisku,
vsem.

ON VIA BOSCOVICH

The receptionist on Via
Boscovich goes out
every hour
to see if my car is still there.
In the morning I have capuccino
and give a gift to the chambermaid, a lot of
rice. I was treated as
le grand seigneur,
il professore,
he who, far off in the dark countries,
got into trouble,
gentilissimo, educatissimo.

When we all discovered with relief
that I don't smuggle drugs or weapons
but cheap jewellery which I
stuff into cardboard boxes and
glue back together, we
laughed conspiratorially and
felt better. From this,
pounds and pounds of rice
on every visit for everyone.

CAMUS

Pročelje hiše. To je veliko pročelje hiše.
Zavrel je prelet. Bo prah, ki gre pod kožo,
zvozil? Primi se za človeški glas.

Obokaj deblo mesa. Primi se za človeški
glas. Črno pleza po nohtih in grabi
mamo. Poljubi, ki ga sovražiš,

Descartesa. Oblepi mu peniciline okrog
prstov. Kot kaktus gojzarja. Kot beli
slon, ki gre naprej. Ne trgaj korenin. Prosi za

skromnost in tihost in zemeljskost.
Pašček. Ti si moj pašček. Komaj držiš.
Komaj se lahko upiram želji, da bi te čisto

strgal. Oblij se z bencinom in požarom.
Pojdi v kasarno maršala Tita, na hodnik, kjer si
stražil, v umivalnico, ki si vanjo zahajal –

korito za prašiče okrog in okrog – ki si vanj
vlival bencin, prižgal vžigalico, gledal, kako
je ogenj planil v četverokotnik, da si se pomiril.

CAMUS

Front of the house. Big front of the house.
The flight started to boil. Will the dust getting
under the skin make it? Take hold of the human voice.

Build the arch above the trunk of flesh. Take
hold of the human voice. Black climbs the nails
and grabs my mother. Kiss Descartes whom you

detest. Glue penicillin to his fingers as to the cacti
of cleated boots. As to the white elephant, going on.
Don't pluck roots. Pray for modesty and stillness

and earthliness. A little belt. You're my little belt.
You hardly hold out. I hardly resist my desire
to tear you apart completely. Drench yourself

all over with gasoline and conflagration.
Go to the barracks of Marshal Tito, to the corridor
where you were on guard, to the lavatory you

used – as if for pigs, the trough all around – into which
you poured gasoline, lit the match, watched
the fire leap into a quadrangle, to calm you down.

ČEKANI

Ogromno leseno plišasto truplo,
jaz te ne slišim!
Ne slišim te več, ne slišim!
Drobtine na balone imaš v sebi.
Tu imajo vsi mrtvo rano,
sam becirk, sam muf.
Umreti, to je vstopnica tu,
a razumeš, pizda!
Tu govorijo od zgoraj,
iz zob jim pada sladko.
Vse so napihnili kot balone in jih
počili, že prvo generacijo!
Poglej! Nihče se ničesar ne spominja!
Ograjice nihče ne vidi,
ker jo imaš ti tu v nožu,
s tristo dolarji na mesec si pribit v grob.
Tu ni spasa!
To ni dovolj za črve.
Poglej, kako fukajo.
Noč in dan nas fukajo.
Nas, tretji svet, tebe, tebe!
Če misliš, da si promoviral
v njihovih salonih, pizda, idiot,
kaj jih brigaš zares, kaj jih brigaš!
Dodatek si za njihov stil,
zame si pa zares, pizda, ne dam te.
Ne dam te tako poceni.
Zmečkal ti bom tisto arogantno
napihnjeno kepo.
To nisi ti.
Stakni se, pizda materina, razumi, če ti rečem,
stakni se!
Možgane imaš sprane,
jebe se ti, kar ti rečem.

FANGS

Huge wooden plushy corpse,
I don't hear you!
I don't get you any more, I don't hear you!
Your crumbs are balloons,
everybody here has a dead wound,
only his place, only his pocket.
To die, that's the ticket here,
do you get it, motherfucker!
Here they speak from above,
only sweet things fall from their teeth.
They pumped everybody up like balloons
and burst them. Even the first generation.
Look! Nobody remembers anything!
Nobody sees the little fence,
the one you have, there in your knife.
With three hundred bucks a month
you're coffin's shut.
No rescue here!
It's not enough for worms!
Look how they're screwing us.
Day and night they're screwing us.
You, the third world, you, you!
If you think you're promoted
in their salons, you're an idiot,
who really cares about you, who cares!
You're part of their style,
but for me you're real.
I don't give you away.
I don't give you away that cheaply.
I'll smash your arrogant
puffed up lump.
That's not you.
Get it. Be real, motherfucker.
I'm telling you.
Do it.
Your brain's washed,
you don't give a fuck what I say.

103

Stakni se!
Tepi, udari, kar hočeš,
pridigaj in predavaj, ampak
stakni se.
Odtrgali so ti glavo, razumeš.
Kaj naj s tem.
Stakni se, pizda.
Točno to se je zgodilo, kar si
skozi razlagal, da dela Indija,
ne vidiš se, stakni se.
Kaj me briga Yaddo, če nimam kaj za jest.
Če sem tu, človek, tu, jebe se mi
vse, kar je tam. Stakni se.
Vse te ogromne omare se ti bodo podrle.
So se ti že.
Sam si mi razlagal, kako ti je
Tugo rekel, vse se ti bo podrlo in
se ti je, tu, na Masarykovi ti je
pokazal, kako se ti bo podrlo, in se ti
je in zdaj si spet na tem.
Stakni se, pizda!
Jaz te bom fuknu za zmerom.

Come down!
Beat me, hit me, as you wish,
preach and lecture, but
come down.
Your head was cut off, do you understand.
What can you do with this?
Be real, motherfucker.
It happened, what you always said
India was doing, don't you see,
come down.
Who cares about Yaddo, if I don't have enough to eat.
I'm here, I don't give a fuck about
what's there. Come down.
Your closets will collapse.
They already have.
You told me how Tugo told you
everything would collapse
and here you are again at this stage.
Come down, come down.
I'll throw you away for ever.

FARAONI IN KRALJI, KASSEL, PARIZ

Imeli smo lepe deklice, bili odlični v disku,
Andro in jaz. Dvojina izginja. Zdrsnili smo po
kraških hribih, se zapeljali do morja. Se spomniš
Kabirije? Krila so bila dolga, ljudje so ostrmeli.
Povsod si razmaknil prostor. Ampak v Parizu,
ob tvojem Biennale des jeunes, *jaz* sem šel v noč.
Lepo je, ko mladi ljudje jočejo od slasti in ti plavaš in
poslušaš njihovo hlipanje. Robert je postal gej v
zakristiji, ko je nanj planil kožuščnik. Spominjal sem ga
na tega svetega moža. A kdo prešteva tiste duše, ki so
hvaležne *njemu*? Tomaž Brejc je rekel, kaj si
počel, tako spočit si, mi smo vsi zdelani in
utrujeni. In res. Takrat bi moral stati ob Andražu,
mu krila trimati. Bratje ne morejo spati med seboj.

PHARAOHS AND KINGS, KASSEL, PARIS

We had lovely girls, we were great in the disco,
Andro and me. The dual disappears. We slipped from
the Karst mountains, drove to the sea. Do you
remember Cabiria? The skirts were long, people
were amazed. You shoved that space aside. But in
Paris, at your Biennale des jeunes, *I* went into
the night. It's great when young people cry from delight
and you swim and listen to their sobbing. Robert
became gay in the sacristy when he was leapt on
by a furry man. I'm a reminder of that holy creature.
Are there any who count those souls who
are gracious to *him?* Tomaž Brejc said, what were you
doing, you look so refreshed, we're all weary and
tired. True. Then I should stand by Andraž and
trim his wings. Brothers cannot sleep together.

SINBAD MORJAK

Iz hladilnika se kadi, da ni obljuba papirnata.
Sonce. Nebo. Vino.
Borove iglice na rdeči zemlji,
čez zaliv hrast.

Globoko je telo v morju.
V zlati mandorli.
Jadro prska v obraz,
tunkan, slan jelen.

Plavava na drug otok.
Ravne, ravne skale.
Vresje je vijoličasto, zeleno, rjavo,
tla so hlastna.

ONE THOUSAND AND ONE NIGHTS

It smokes from the fridge.
The sun. The sky. The wine.
Pine needles on red earth,
across the bay, the oak.

Deep is your body in the sea,
in the golden mandorla.
The sail splashes your face,
a dunked, salty deer.

We're swimming on the other island.
Straight, straight rocks.
The heather is violet, green-brown,
the soil is eager.

MAMA JE ENA SAMA

Pazi!
Vulkan sem, ki ne rabim sandal, ampak Parmenida.

Mama ti je naredila šporgert namesto ust.
Kako zadiši in plava.

Kvihte dvigajo pescecani.
Paše, če greš gol skoz rob prostora.

Toča je.
Ni bika.

Sluh kopje mutira.

Kana pije.
Kana pije.
Kana je prekrasna.

THERE IS ONLY ONE MOTHER

Watch out!
I am a volcano that needs no sandals.

Your mother gave you a stove-top instead of a mouth.
How scented she is and how she swims.

Sharks lift weights.
It's great to be walking naked through the edge of space.

There's hail.
No ox.

The sense bends the lance.

Henna drinks.
Henna drinks.
Henna is wonderful.

COCTEAUJEVA DVOJČKA

Skrivnost je, ker prvi drugega napove z
zamikom. Ne more uporabljati materialnih
oblik. Najbolj bogati ekosistemi in

najmočnejši spomin so prah. V snegu. V
spomladanskih zametih, da bi se čas in
kraj zaznamovala. Tam daleč so hiše z

lučmi. Vaški fantje, ki bodo pomagali iz
zameta. Bog liže vsak svoj cvet. Masa
vrteče ljubezni je v vsakem deblu. Kri mu

podaljšuje obraz. Ne počrni sonce, ki je
grelo. V kokonu je barje, hitri, plečati
sprehodi med brenclji, filmskimi vasmi in črno

vodo Iga. Da se scufa najprej podkev gojzarja,
peta in je hlačnica s protjem uvita okrog
okončnine. Makadam zriba moko in kost do obokov.

Devica je uplenjena. Ni ga vrelišča. Kako se
pogasi bela ruta okrog lasišča matere narave.
Sedeli smo na rue du Bac. Šel sem v mrtvo lasišče

na tvojih ustnicah, da bi sanjskemu stroju
vžgal kontakt. Ne boj se za orbito sonca.
Dih modrine se začrni pred eksplozijo zlate.

COCTEAU'S TWINS

The first one announces the second one with an inversion,
it's a secret. He cannot use the material shapes. The richest
ecosystems and the strongest memories are dust.

In the snow. In spring, snowdrifts to mark
the time and the place. There, far away, are houses
with lights, the village boys who will help us out

of the snowdrift. God licks all his flowers. The mass
of spinning love is in every tree trunk. The blood
elongates his face. The warming sun doesn't turn black.

The swamp is in a cocoon, the fast, the broad-shouldered
walks among gadflies, the villages built for movies,
the black river Ig water. First the horseshoe

on the cleated boot, the heel in tatters, the trouser leg
is bound around the limb with reeds. The tarmac
presses the flour and the bone to the vaults. The virgin

is taken as booty. There's no boiling point. How the white
kerchief wrapped around Mother Nature's scalp
extinguishes a fire. We were sitting on the rue du Bac.

I went to the dead scalp on your lips, to ignite
the dream machine. Don't worry about the sun's orbit.
The breath of blue turns black before an explosion of gold.

SIRENE

Cvetim v rame.
Kepam kroglo konja v brusnice.
Snet. Prelec. Noga-miška opraska late.
Gine in stopi na palubo na navadno ladjo.
Odveže late. Odveže jermene. Sonči nogo.
Gleda pljuskanje in se sonči.

Kot črv, ki razda svoje telo, preden pride tja –
kam ga razda, koder razreže –
kot črv, ki popivna, grize in sliši cimbale.
Je rep zato?
Pridejo delfini in peljejo?
Podarijo mokro?
Ki še zadnjič, plosko, nagnjeno za devetdeset stopinj,
pomaha v snegu, preden se poslovi?

114

SIRENS

I blossom into shoulders.
I throw the sphere of a horse into cranberries.
Unhinged. A pine-beauty. A leg-mouse scratches slats.
He perishes and steps on the deck of an ordinary boat.
He unbinds the slats. He unbinds the straps. Sunbathes the leg.
He watches the splashes, sunbathes.

Like a worm which gives away his own body before he gets there.
Where does he give it away? Where he slits it.
Like a worm which blots, he bites and hears cymbals.
Is the tail for that?
Do the dolphins come and drive?
Do they make a present of wetness?
For the last time, flat, inclined at ninety degrees
he waves in the snow before saying goodbye.

OTROČKI LAPISA

Plešem plese dervišev
kot reven otrok na deželi, ki nabira
vsa zdravilna zelišča. Tudi
trobeliko. Tudi kamne, ki jih daš
volku v trebuh.

Iz kamomile in cvetja in belih Trnjulčic
je prase, ki je zašlo v ta gozd, demokratično.
Boli, da imaš višji dizajn, Bog, boli.

Pesnik reče Bog, če se rima.
Klada, ki je prevpila zatišje, je
zares drobila nogo obsojenemu na smrt.

Poslednje sploh nima okusa. Zvemo ga iz spomina.
Gladina ni nikogar videla in Vulkan izhlapi.

CHILDREN OF LAPIS

Like the poor child in the country
picking medicinal herbs, I dance the dance
of the dervishes. Hemlock, too,
and stones to put in the wolf's belly.

From camomile and blooms and
a white Sleeping Beauty this lost pig
in the woods was made.
It's democratic.

It hurts that your design is higher, God, it hurts.
A poet says God if it rhymes.
Truly, a log crushed the foot
of the convict sentenced to death.

Last rights have no taste at all.
We come to know them from memory.
The smooth surface saw no-one
and a volcano evaporates.

JEZIK

Dragulj si, narejen iz moje moči, jem te kot
ledeno kocko. Roke mi puliš iz ram in jih
nalagaš kot drva. Množiš jih. Opustošen sem.
Razbil se mi je malik. Ti si moja glina,
jezik moj, slina na skrčeni pesti. In da se mi
kri ne zaduši od tvojega semena, me moraš
rezati. Poglej, v gobec krave dam pest in ti
sipam marjetice po tolmunu. Siv, vlažen in
pepelnat si, ko se zaziram v stene na bregu
jezera. Veš kakšen trebuh imaš od znotraj? Tak,
kot če se s hrbtom roke močno drgneš po svojem
belem obloženem jeziku, ko si bil še otrok.
Hočem, da klecneš od ljubezni, in da se
magari malo udariš v glavo. Hočem, da omedliš.

LANGUAGE

You're a gem made of my power. I eat you
like an ice cube. You pull my arms from my shoulders
and load them like logs. You augment them.
I'm devastated. My idol is broken. You're my clay,
my language, saliva on my closed fist. And so
my blood doesn't suffocate from your seed,
you must slice me. Look, I put my fist in the mouth
of a cow and throw daisies into the river pool. You're grey,
moist and ashen when I gaze upon the rock walls of the
lake shore. Do you know what your belly is like from
the inside? It's like when you rubbed, with the back
of your hand, against your cotton tongue as a
child. I want you to drop to your knees in love, even if
you knock your head a bit. I want you to pass out.

OBRITI, ZAUSTAVITI, NADALJEVATI

Sanjal sem, da sem ustvaril tako gosto drevo,
da bo ustavilo tehniko. Božje oko bo prodrlo do
špice glave. Že najvišji list – krotke pasme

se manj znucajo kot ostrige, vsi trije
dimniki Normandie so se odlomili kot suh
sladkor – bo začel piti bogeca in ga

gravžati. Škoti bodo razgrnili kilte že tam v
višavah, kamor skuša splezati Mariusz,
ker pravi, da je ob Amazonki v zgornjih plasteh

dreves še obilo žužkov, ki jih bo imenoval
po sebi. Koga nismo vse imeli, da bi pil
in popival belo smrečje. Ivje, ki zdrobi šipo.

Disleksičnega švedskega kralja, ki se lahko
zajeclja sredi rituala. *Je dîne avec le roi,
mais je pense à toi.* Ampak zdaj smo v Braziliji,

šotorišču šerp. So pametne in humane oči
najstarejšega, ki jé pašto – mamice in žene
jim kuhajo še vedno preprosto kot v Corleonu –

tudi tu? Šerpa mi glanca štedilnik. Ali, če sem
natančen, jaz sam sem hrepenel, da bi si
kupil pribor za čiščenje čevljev v Skopju na poti

v Grčijo. Sedel bi in pušil in tu pa tam
očistil kak čevelj. Verjamem v svilene čeke
in *pauvreté*. Ampak ob najvišjem borovcu ob

Amazonki šele postavljamo mizico, šele razgrinjamo
prt, žužke vabimo v skledice, da jih bomo kopali.
Se božje oko z gostim smrečjem lahko zabaše?

TO SHAVE, TO STOP, TO GO ON

I dreamt I made such a dense tree it would
stop the technics. God's eye will come through
up to the nib of the head. Even the highest leaf

– the meek breeds are less worn out than oysters,
all three of the Normandy's chimneys broke off
like dry sugar – will start to drink the little god and

make him disgusting. Scots will spread out their kilts,
already there in the heights where Mariusz wants
to climb. He tells us that in the upper strata of trees

along the Amazon there are still many beetles
he will name after himself. We've already had
everyone drink and get drunk on the white pines.

White frost breaking the sheet of glass.
The dyslexic Swedish king who can get tripped up
in the ritual. *Je dîne avec le roi, mais je pense à toi.* But now

we're in Brazil, where sherpas build their tents. Are the
wise human eyes of the oldest, eating pasta – mothers
and wives cook for them simply, as in Corleone –

here too? A sherpa is polishing my cooker.
To be precise, I've been longing to buy a kit for shining
shoes in Skopje on the way to Greece. I'd sit

and smoke, and here and there I'd shine
a shoe. I believe in silk checks and *pauvreté.*
But by the highest pine tree along the Amazon

we've just started to build a table, just started to lay
the cloth, we're drawing beetles into small bowls
to bathe them. Can God's eye be stuck in the dense

Ali ni dejstvo, da najprej izdelaš trup, mu
podpiraš boke z grmadami lesa – ne zgorijo,
odstopijo, ko se spuščaš v morje, trak, na

katerega je bil obešen grozd Moët-Chandonov
pa vihra za ladjo, ki ima ob bokih še bele
packe – *et après*? V Saint-Nazairu so tudi

dolmeni in menhirji zgrajeni trdneje. Koga skušaš
zbegati z vsemi temi nadstropji? S prerezi
kabin. Z lutkami stewardov, s cigarami, ki še

ležijo pripravljene, da bo kapitan kadil. *Où
fumer où écrire*. Ampak kaj se dogaja z
Mariuszem, je že razpakiral? Je že

našel kaj za v mešiček? Me je dobro
popravil? Spodaj, bolj dol naprej,
vemo, kakšna je džungla. V trdi temi se

v njej napajajo zajci. Artur razkazuje svoj
fušto. In komu iz nosa kaplja sreča na
vse prebivalstvo pod platanami. Prav je.

Skodelice naj se pijejo, propelerji naj se vrtijo,
prvi listek na najvišjem drevesu naj bo
podoben lasu pleškota, naj se vse lesketa.

pines? Isn't the fact that you first form the trunk,
that you support its hips with piles of wood –
they don't burn, they give up when you slide

into the sea, the ribbon hung with a cluster of
Moët-Chandons waving behind a boat, with white
stains at their flanks – *et après?* In Saint-Nazaire

even dolmen and menhirs are built more firmly.
Who do you try to confuse with all these floors?
With the intersections of berths? With stewards as

puppets? With cigars still lying there if the captain
wants to smoke? *Où fumer où écrire.* But what
happens to Mariusz, is he unpacked already? Did he

find something for his pouch? Did he correct me well?
Down there, lower, we know what the jungle is like.
In the pitch dark rabbits come to drink. Arthur

shows his torso. And for whom does the happiness
drip from his nose onto all dwellers below
sycamores? It's all right. Cups should be drunk,

propellers should spin round and the first
leaf on the highest tree should look like the hair
of the bald one. Let everything glimmer.

KRAS

Razpadam, ljubljeni, mi manjkaš.
Ovčke brez zvončkov se kotalijo.
Potok trga maso. Otrok stiska ribe.
Umit je in zaspan. Prste meče kot biče.

Obesi se ti za vrat in skoči na dlani.
Druga stopnica je rama, potem glava.
Njegovi raskavi podplati zabolijo na
čelu. Malo. Razporeja, trga lase.

Zgoraj je še zid, potem ograja z žico.
Opre se z lakti. Palec briše sol.
Pleza. Kašlja, pljuva, pleza. Zid je
ozek. Ni tako širok kot Kitajski zid.

Otrok se sonči. Prekrijem ga s papirjem
iz časopisov in steklom. Bizarno mu
zavežem nogo nad kolenom s kito. Odsekanim
pramenom las. Spodnji del manjka. Ni

jasno, s čim lase obtežim. Jih zavežem
skozi zid? Levo koleno se upogiba, desno
trza. Sonce se odbija od šip avtov.
Bodo teren prodali? Če bi nas odplaknilo

in bi nas voda nosila do škrbine,
bi nas kamni ne sprejeli? Bi se
raztrgala koža, obleka, bi se raztrgala?
Bi bruhnili s Timavo v morje? Obrnili

obzorje proti sebi? Kje si? Med dušikom?
V žveplu? Dišiš mi, ker ti puščam
kri. Lešniki so se vneli in gorijo
kot maslo. Moj rum si. Moja fondue.

KARST

I'm falling apart my love, I miss you.
Little sheep without bells roll.
A brook tears apart the mass. The child presses a fish.
He's clean and sleepy, he throws his fingers as whips.

He hangs on your back and jumps on your palms.
The next step is a shoulder, then the head.
His rough soles ache on my forehead.
A little bit. He sorts out the hair, he plucks it.

Still there's a wall upstairs, then a wire fence.
He leans on his elbows. His thumb wipes salt.
He climbs. He coughs, he spits, he climbs.
The wall is narrow. Not as wide as the Great Wall of China.

The child sunbathes. I cover him with newspapers
and sheets of glass. Bizarrely I bind his leg with a braid
above the knee. With a chopped-off tuft of hair.
The lower part missing. It's not clear with

what I weigh down the hair. Do I tie it
through the wall? The left knee bends, the right one
twitches. The sun reflects from a sheet of glass.
Will they sell the ground? If we're washed away

and the water carries us toward the cavity,
will the stones not accept us? Will the skin,
the clothes, be torn apart, will they be torn apart?
Will we irrupt with the Timava River into the sea?

Will we turn the horizon around us? Where are you?
In the midst of nitrogen? In the sulphur? You smell sweet to me
because I bleed you. Walnuts are set on fire,
they burn like butter. You're my rum. My fondue.

GRLO

Brajde gorijo, gorijo, so pogorele?
V soncu je kri. Zdrobljen list rdeče vinske trte,
ki ti ga utiram v teme in čelo. Bog, kak

rahel, mehek vrat. Kako z moko zasuto
telo, all over. Ja. Tako bi se obnašala
riba, če bi jo pohal živo. Pa te ne. Raje te

treščim v zid kot velikan kroglo. Nad napis.
Nad levi kot table z imenom in parnikom. Streljam
v tarčo in bližam dan, ko se bosta

dokončno zlila telo in glava. Prihajajoča noč
in oster vonj maka. Slast, ko si me prvič
razpenjal na mehko žago. Kdo najprej

boža in jé in potem utrga? Muce? Ribe? Ooo,
filmaj prežvekujočo žival, srečne, prazne oči.
Blebetanje rok in požiranje splavov spomina.

Tlačiš se in jaz te praznim. Najbolj dišiš
tam, kjer si si želel biti tetoviran. Kjer se
otepaš. Zaspano. Prijazno. Kjer vzameš vse.

THE THROAT

The trellises burn, burn, have they burnt down?
There's blood in the sun. I pave the smashed leaf
of the red vine into your front and your apex. My

God, what a fine soft neck. How this body is
covered with flour. Yes. A fish would behave like
that if I fried it alive. But I don't. I prefer to crush you

into the wall, above the inscription, as a giant crushes
a globe. Above the blackboard's left corner with the name
and the steamboat. I shoot at the target and draw near to

the day when the body and the head will alloy.
The approaching night and the austere poppy's scent.
The delight when you first drew me along the soft saw.

Who caresses, eats first and only then plucks?
Cats? Fish? Oh, film the chewing animal, its happy,
empty eyes. Babbling of hands and swallowing rafts

of memory. You press yourself and I empty you. Where you
wanted a tattoo your scent is the strongest. Where you
struggle. Kindly. Sleepily. Where you take everything.

TROMBA

Otrok si, ki je preveč jokal in se preveč
utrudil. Vse si poskušal. Driblal srca.
Rasel tako, kot je rasla svetloba in glava.

Boril si se kot lev. Ne pústi se razžareti.
Potem šklepetajo zobje. Tonus pade, luč
ugasne, burja zavija in do jutra je še daleč.

Tu so odkrili deblo, staro dva tisoč let.
Izvotljeno deblo. Takrat so ga izsekali.
Potem ga je srečna okoliščina tako potopila,

da je zrak tako čudno krožil, da se ga ni
dotaknil. Kam je skočil iz debla v mrzlo
vodo pred dva tisoč leti goli mož? Ne

povejo, ali je veslal ali se odrival.
Močvirje je plitvo. Je bilo z ločjem
zaraščeno tudi takrat? Dogaja se, da se

vrtinec sesede in se razlije na krožnik.
Tekočina boli bolj, kot če je v trombi.
Težko si predstavljam mornarje, ki se

odrivajo, tu se ni od ničesar odriniti.
Kamni so umetni. Pomoli so narejeni. S
hrbtom vlačiš na kup svojo slavo, da boš

na koncu počil. Če ne počil, strohnel. Če
ne strohnel, nehal dihati. Če ne nehal
dihati, dihal naprej za devetimi gorami.

Mi te ne bomo slišali. Nihče te ne bo
videl. Z nikomer ne boš okušal jogurta.
Kako je, če se moraš boriti za življenje

CELESTIAL BRASS

You're a child who cried too much, tired himself
out too much. You tried everything. You dribbled
hearts. You grew as the light and the head grew.

You fought like a lion. Don't allow yourself
to glow too much. The teeth chatter. Energy levels drop,
the light goes out, the north wind howls and the morning

is still far away. Here they discovered a trunk,
a two-thousand-year-old trunk, a hollowed-out trunk.
Then they cut it out. Later the lucky condition

drowned it, the air circulated in such a weird way,
it didn't touch it. The naked man, two thousand
years ago, where did he jump into the cold water?

They don't tell us if he rowed it or pushed it off.
The swamp is shallow. Was it overgrown with reeds
even then? It happens that the whirl collapses and

spills on the plate. The liquid hurts more as if it were
in the trumpet. I have a hard time imagining how sailors
pushed themselves off, here there's nothing

to push yourself off from. Stones are artificial.
Piers are made. You drag your glory with your back,
at the end you'll burst. If not burst, you'll putrefy.

If not putrefy, you'll stop breathing. If you don't
stop to breathe, your breathing will go on behind
nine mountains. We won't hear you. No one will

see you. There won't be a soul to try to taste yoghurt
with. What becomes of you if you have to struggle for your
life with specially made slippers of lamb in the huge

s posebnimi copatkami iz ovčke v ogromni
prazni hiši in od povsod zunaj vdira mraz?
Če čopič ne prime? Če ni od nikoder sadja?

Vse sem porabil. Nezaposleni Afričani
prosijo za par frankov, vsi si dajejo roke,
tudi oni, in občutek je, da bo nekdo nekaj

prebil. Da bo izskočil iz kože, ker ga
preveč boli. Danes se je polegla dlan.
Preveč sem se zapičil v Christiana in si ga

vzel kot nekoga, ki ga bom oplodil. To je
bil grozoten napuh. Christian *je* švoh,
je truden, *je* popolnoma prepojen z

žalostjo in kulturo in mu parniki, ki
plujejo pod oknom, morda več ne pomagajo.
Kaj ti veš? Kako lahko rečeš, da boš ti

zdaj z njim nekaj počel. Kako si lahko
domišljaš, da bo srečen, če ga boš
odtiskoval in spreminjal? Če ga boš kot

kak silovit veter metal na glavo, ga
potiskal v hrib in mu razlagal, kaj so
Langhe. Langhe so samo zanj. Iz Lang je

prišla njegova mama. Graziellini starši so
iz Kalabrije in Furlanije. Ne eden ne
drugi ne znata zares italijansko. Zalival

si ju kot sodček mleka, plesal z njima,
jima vrtel in prižigal žarnice. Kaj pa, če je
to ritual? Če sem prihajajo sami nesrečniki?

empty house where everywhere from the outside
the cold penetrates? If the brush doesn't hold?
If there's no fruit at all? I used everything.

Jobless Africans beg for a few francs, all shaking
their hands and there's a feeling that someone will
pierce through something. That he will jump out

of his skin because it hurts too much. Today
the palm was lodged. I was too aggressive with
Christian, took him as somebody that I would

be able to fertilize. Terrible haughtiness. Christian
is weak, he is tired, totally imbued with sadness
and culture and steamboats sailing beneath

his window may not help him any more.
What do you know? How can you say you will be
doing something with him? How can you imagine

he will be happy if you imprint and change him?
If you, as a violent wind, throw him
on his head, push him uphill and explain to him

what Le Langhe are? Le Langhe are only for him.
His mother came from Le Langhe. Graziella's
parents are from Calabria and Friuli. None

of them really know Italian. You watered
both of them as a barrel of milk, danced
with them, screwed the bulbs in for them.

What if this is a ritual? If this is the place
only for the distressed who are then
stomped on by a neighbour who has the eye

Ki jih potem polomasti soseda, ki ima oči
norih *groupies?*In še marširaš na konec
sveta. Da bi videl kaj? Da bi srečal koga?

Da bi meditiral o ladjicah iz desetega
nadstropja in gledal prsi originalnih bretonskih
galebov, ki so veliki natančno tako kot tisti v

Kopru. Ni čuda, da se vžgeš kot bencin, tolčeš
po požaru slik in potem obležiš. Misliš, da se
boš zbudil v raju, pa se zbudiš na smrt izčrpan.

of a mad groupie? And you're still marching
to the end of the world. To see what? To meet
whom? To meditate upon little boats from the tenth

floor and to watch the breasts of original Breton
seagulls being exactly the size of those from
Koper? No wonder you burn like gasoline,

beating the fire of images and then remain
prostrate. You think you'll wake up in heaven,
but you wake up exhausted and deadly tired.

BIOGRAPHICAL NOTES

Tomaž Šalamun is one of the most widely known poets of eastern Europe and has been translated into the majority of European languages. Born in Zagreb, Croatia, he was an art historian and a conceptual artist, and was also the Slovenian cultural attaché in New York for some years. He now lives in Ljubljana, dividing his time between teaching creative writing at American universities and travelling frequently throughout the world giving poetry readings. His books translated into English include *Homage to Hat & Uncle Guido & Eliot*, *The Four Questions of Melancholy*, *Feast*, *A Ballad for Metka Krašovec*, *Poker*, *Blackboards*, and *The Book for my Brother*. He is the father of two children, Ana and David, and is married to the painter Metka Krašovec.

Joshua Beckman is the author of five books of poetry, including *Nice Hat. Thanks* (with Matthew Rohrer) and, most recently, *Shake* (Wave Books, 2006). He is also a translator, book artist and editor. He splits his time between New York and Seattle.

Also available in the Arc Publications
TRANSLATION SERIES
(Translations Editor: Jean Boase-Beier)

ROSE AUSLÄNDER (Germany)
Mother Tongue: Selected Poems
Translated by Jean Boase-Beier & Anthony Vivis

*A Fine Line: New Poetry from Eastern
& Central Europe* (anthology)
EDS. JEAN BOASE-BEIER, ALEXANDRA BÜCHLER, FIONA SAMPSON
Various translators

FRANCO FORTINI (Italy)
Poems
Translated by Michael Hamburger

EVA LIPSKA (Poland)
Pet Shops & Other Poems
Translated by Basia Bogoczek & Tony Howard

Altered State: An Anthology of New Polish Poetry
EDS. ROD MENGHAM, TADEUSZ PIÓRO, PIOTR SZYMOR
Translated by Rod Mengham, Tadeusz Pióro *et al*

CATHAL Ó SEARCAIGH (Ireland)
By the Hearth in Mín a' Leá
Translated by Frank Sewell, Seamus Heaney & Denise Blake

TOMAŽ ŠALAMUN (Slovenia)
Homage to Hat & Uncle Guido & Eliot
Translated by the author, Charles Simic, Anselm Hollo,
Michael Waltuch *et al*

GEORG TRAKL (Austria)
To the Silenced: Selected Poems
Translated and introduced by Will Stone